Christoph Maitzen

Quereinstieg leicht gemacht: Mathematik

Erste Hilfe bei Didaktik, Methodik und Unterrichtsplanung

Der Autor

Christoph Maitzen ist Diplom-Physiker und Gymnasiallehrer für die Fächer Mathematik und Physik. Er arbeitet seit 1999 im hessischen Schuldienst. Seit 2002 war er im Rahmen der Projekte Qualitätsinitiative SINUS (2001–2005), SINUS-Transfer (2003–2007) und „Kompetenzorientiert unterrichten in Mathematik und Naturwissenschaften – KUMN" (2007–2014) in der Lehrkräftefortbildung tätig. In der Lehrerausbildung war er für das fachdidaktische Modul „Diagnostizieren, Fördern, Beurteilen" am Studienseminar für Gymnasien in Oberursel (2011–2013) beauftragt. Seit 2008 veröffentlicht er als Autor Fachartikel, Fachbücher und Schulbücher.

Gedruckt auf umweltbewusst gefertigtem, chlorfrei gebleichtem und alterungsbeständigem Papier.

1. Auflage 2019
© 2019 PERSEN Verlag, Hamburg
AAP Lehrerwelt GmbH
Alle Rechte vorbehalten.

Cover: © mast3r_stock.adobe.com_130100711
Satz und Grafik: Typographie & Computer, Krefeld

ISBN: 978-3-403-20432-9

www.persen.de

Inhalt

Vorwort

Das vorliegende Arbeitsbuch ist für Sie – verehrte Leserin, verehrter Leser – eine praktische Handreichung, die Sie bei der Planung und Durchführung Ihrer ersten Mathematikstunden Schritt für Schritt begleitet. Dieses Buch wendet sich an Quereinsteiger, fachfremd unterrichtende Lehrkräfte und Personen, die ohne fachwissenschaftliche Ausbildung die Tätigkeit als Mathematiklehrkraft ausüben möchten. Die Lektüre des vorliegenden Buches ersetzt aber weder das Fachstudium noch die fachliche Ausbildung im Rahmen des Referendariates. Auch die *Standards für die Lehrerbildung: Bildungswissenschaften* der Kultusminister-konferenz (2004) werden durch das Buch und seine Inhalte nicht ersetzt.

Das vorliegende Buch versucht, Ihnen einen Überblick über die Bildungsstandards Mathematik der Se-kundarstufe I, die Qualitätskriterien für einen kompetenzorientierten Mathematikunterricht, zentrale Aufgabentypen und ausgewählte Methoden, die sich im Mathematikunterricht bewährt haben, zu geben. Die einzelnen Schritte zur Unterrichtsplanung, von der Lernausgangslage und den Lernbedingungen über den Unterrichtsinhalt, die Lernziele, die Handlungsstruktur (Aufgabenanalyse, Methoden, Sozialform und Medienauswahl) bis zur konkreten Stundenplanung, werden beschrieben und ausführlich an einem konkreten Praxisbeispiel veranschaulicht. Die Planung einer Unterrichtseinheit wird anhand des Themas *Geometrische Figuren – Vierecke* von der sachlogischen Abfolge der Unterrichtseinheit, über den Selbstein-schätzungsbogen bis zur Konzeption, Durchführung und der lernförderlichen Rückgabe der Klassenarbeit beschrieben.

Das Buch bietet Ihnen einen Einblick in die Grundzüge der Mathematikdidaktik mit über 30 Aufgaben-beispielen und möglichen Lösungen, ausführlichen Praxisbeispielen, Orientierungsfragen zur Unter-richtsplanung, der Beschreibung ausgewählter Methoden, vielen Tipps aus der Unterrichtspraxis sowie weiterführender Literatur und Internetadressen. Die Übersichten „Qualitätskriterien für einen kompetenz-orientierten Mathematikunterricht" (Seite 22), „Unterrichtsplanung Schritt für Schritt" (Seite 32), „Schritte zur Planung einer Unterrichtseinheit" (Seite 51) sowie die Verzeichnisse der Beispiele, Praxisbeispiele und Abbildungen (Seite 88 f.) bieten Ihnen zu jedem Zeitpunkt Orientierung bei Ihrer Unterrichtsplanung und -durchführung.

Als Quereinsteiger[1] stehen Sie vor einer Vielzahl von Herausforderungen auf der fachlichen, erzieherischen und menschlichen Ebene. Dieses Buch möchte Ihnen Mut machen, sich auf den Weg zu einer sich selbst reflektierenden Mathematiklehrkraft zu begeben. Nutzen Sie hierzu aber auch die Rückmeldungen Ihrer Schüler sowie die Ihrer Kolleginnen und Kollegen.

---

[1] Das generische Maskulinum bezeichnet hier und in den folgenden vergleichbaren Fällen beide natürlichen Geschlechter.

1 Einleitung – Herausforderung Mathematikunterricht

„Packt bitte eure Hausaufgaben aus. Wir vergleichen die Ergebnisse" oder „Schlagt bitte das Buch auf Seite 56 auf. Es geht heute bei Aufgabe 8 weiter". Dies sind zwei typische Sätze, die zu Beginn einer Mathematikstunde fallen könnten. Mathematikunterricht ist aber mehr als das stupide Abarbeiten der Aufgaben im Mathebuch und kann auch ganz anders beginnen.

Der Umgang mit Heterogenität im Klassenraum, inklusive Beschulung und Sprache im Mathematikunterricht sind derzeit die Themen, die Mathematiklehrkräfte in Deutschland beschäftigen. Seit vielen Jahren steht auch das Thema *Einsatz von Technologie* im Fokus und wird aktuell durch die Diskussion um *Bildung 4.0* oder *Digitale Bildung* wieder befeuert. Auch der Mathematikunterricht muss sich den gesellschaftlichen Veränderungen stellen. Mit eingeleitet durch den PISA-Schock[2] im Jahr 2000 hat der Mathematikunterricht durch eine veränderte Aufgabenkultur und durch die Kompetenzorientierung (Kapitel 2.2) Impulse erhalten, die bis heute nachwirken und ein Teil der Antwort auf die gegenwärtigen Herausforderungen sind. In der Mathematikdidaktik hat es seitdem weitreichende Entwicklungen gegeben, die zu einem vielfältigeren Mathematikunterricht und zu einem tieferen Verständnis, wie Mathematiklernen funktioniert, beigetragen haben.

Von zentraler Bedeutung für das Mathematiklernen sind die in ihrer Vielfalt im Unterricht eingesetzten Aufgaben (vgl. Kapitel 2.3). Lernaufgaben sollen den Lernenden beispielsweise Grunderfahrungen vermitteln, auf die die Lernenden immer wieder zurückgreifen können, und helfen, Mathematik zu verstehen (verstehensorientierter Mathematikunterricht). Dort, wo es möglich ist, sollen die Schüler Mathematik selbst entdecken. In der Auseinandersetzung mit der Mathematik durchlaufen die Lernenden eine Entwicklung vom Novizen zum Experten. Als Novize (Neuling) ist es sinnvoll, die bei der Erarbeitung erworbenen Erkenntnisse und Ergebnisse in einem ersten Schritt in eigenen Worten zu formulieren (z.B. als Merksatz in Schülersprache). Im Laufe der weiteren und tieferen Beschäftigung mit dem Inhalt können dann die eigenen Formulierungen überarbeitet und präzisiert werden, um so zum Expertenwissen – wie die Merksätze in den Mathebüchern – zu reifen. Werden Merksätze in Expertenformulierung zu früh präsentiert, verführt dies dazu, Mathematik auswendig zu lernen und ggf. nicht zu verstehen.

Die erarbeiteten und erlernten Unterrichtsinhalte sollen den Lernenden über einen längeren Zeitraum zur Verfügung stehen. Hierzu muss das Grundwissen beispielsweise durch wöchentliche Kopfübungen[3], *Sammeln – Ordnen – Strukturieren* oder das Ratespiel *Was bin ich?* wachgehalten werden. Mit dem *Lernprotokoll* lässt sich nach einer ersten Erarbeitung leicht überprüfen (Diagnose), was von den Lernenden bis jetzt verstanden wurde und wo ein tieferes Verständnis zu fördern ist (vgl. Kapitel 4.1). Klar ist auch, dass das Lernen mit dem Schreiben der Klassenarbeit nicht abgeschlossen ist und das Gelernte nicht einfach vergessen werden kann. Diesem Bulimie-Lernen kann durch eine andere Auseinandersetzung mit den Ergebnissen der Klassenarbeit entgegengewirkt werden. Durch einen Selbsteinschätzungsbogen vor der Klassenarbeit und eine Reflexion der Lernergebnisse und des Lernprozesses mithilfe eines Selbstanalysebogens nach der Klassenarbeit erhalten die Lernenden andere Perspektiven auf ihr Lernen (vgl. Kapitel 3.3).

---

[2] Die Abkürzung PISA steht für Programme for International Student Assessment (Programm zur internationalen Schülerbewertung). Die Organisation für wirtschaftliche Zusammenarbeit und Entwicklung (OECD) führt seit 2000 alle drei Jahre Untersuchungen durch, bei denen 15-jährige Lernende Aufgaben bearbeiten, die testen, wie gut die Lernenden in Lesen, Mathematik und Naturwissenschaften sind.

[3] Eine Kopfübung ist eine Übungsform zum Wiederholen und Wachhalten von mathematischem Basiswissen in Form eines Trainings. Einmal wöchentlich werden im Rahmen von etwa 10 Minuten Grundaufgaben unabhängig vom aktuellen Unterrichtsinhalt zusammengestellt. Die Lernenden bearbeiten diese Aufgaben allein, in der Regel halbschriftlich, und notieren nur das Ergebnis. Beispiele für Kopfübungen sind zu finden beim Fachbereich Mathematik der Technischen Universität Dresden unter dem Stichwort „Tägliche Übungen" (www.math.tu-dresden.de/did/schule/tue/). Siehe auch: Bruder 2008a & 2008b, Köcher 2017, Haß 2017.

Darüber hinaus gibt es noch viele weitere spannende Themen rund um den Mathematikunterricht (Diagnose und Förderung, Individualisierung des Lernens, sprachsensibler Mathematikunterricht, Umgang mit Fehlvorstellungen der Schüler, Fehler als Lernanlass nutzen, ...), die aus Platzgründen nur angedeutet, angeschnitten oder gar nicht besprochen werden können.

Die folgenden Kapitel sollen einen ersten Einblick in die spannende, lebendige und sich stetig fortentwickelnde Welt des Mathematikunterrichts geben.

2 Grundlagen

Die Mathematik gehört in der Schule zu den Hauptfächern und steht wie kein anderes Fach in der öffentlichen Wahrnehmung. An den Unterricht und insbesondere an den Mathematikunterricht werden bestimmte Anforderungen gestellt. Exemplarisch werden hier die von Hans Werner Heymann formulierten Aufgaben allgemeinbildender Schulen und die Grunderfahrungen nach Heinrich Winter, die der Mathematikunterricht den Lernenden ermöglichen soll, vorgestellt.

Nach Hans Werner Heymann (2006) haben allgemeinbildende Schulen sieben Aufgaben zu erfüllen, die jedes Unterrichtsfach und damit auch der Mathematikunterricht erfüllen soll:
„Lebensvorbereitung: Schülerinnen und Schüler sind durch Vermittlung handfesten Wissens und Könnens auf ihr Leben außerhalb und nach der Schule, auf absehbare Erfordernisse beruflichen und privaten Alltags – vor aller beruflichen Spezialisierung – vorzubereiten.
Stiftung kultureller Kohärenz: Damit Schülerinnen und Schüler eine reflektierte kulturelle Identität aufbauen können, hat die Schule wichtige kulturelle Errungenschaften zu tradieren und zwischen unterschiedlichen Subkulturen unserer Gesellschaft zu vermitteln.
Weltorientierung: Die Schule hat einen orientierenden Überblick über unsere Welt und die Probleme zu geben, die alle angehen; sie sollte zum Aufbau eines Denkhorizonts beitragen, der über den privaten Alltagshorizont hinausreicht.
Anleitung zum kritischen Vernunftgebrauch: Selbstständiges Denken und Kritikvermögen sind zu fördern und zu ermutigen.
Entfaltung von Verantwortungsbereitschaft: Die Schule hat zu einem verantwortlichen Umgang mit den im Prozess des Heranwachsens erworbenen Kompetenzen anzuleiten.
Einübung in Verständigung und Kooperation: In der Schule ist Raum für Verständigung, Toleranz, Solidarität und gemeinsames Lösen von Problemen zu geben.
Stärkung des Schüler-Ichs: Kinder und Jugendliche sind als eigenständige Personen zu achten und ernst zu nehmen."

Der Mathematikunterricht soll den Schülern nach Heinrich Winter (1995, S. 37) drei Grunderfahrungen ermöglichen:
(1) „Erscheinungen der Welt um uns, die uns alle angehen oder angehen sollten, aus Natur, Gesellschaft und Kultur, in einer spezifischen Art wahrzunehmen und zu verstehen,
(2) mathematische Gegenstände und Sachverhalte, repräsentiert in Sprache, Symbolen, Bildern und Formeln, als geistige Schöpfungen, als eine deduktiv geordnete Welt eigener Art kennenzulernen und zu begreifen,
(3) in der Auseinandersetzung mit Aufgaben Problemlösefähigkeiten, die über die Mathematik hinausgehen (heuristische Fähigkeiten), zu erwerben."[4]

Nach der ersten Grunderfahrung wird Mathematik als Hilfsmittel, Werkzeug und Anwendung zur Erschließung der Umwelt und des Lebens in einer wissenschaftlich geprägten Welt verstanden. Die zweite Erfahrung versteht die Mathematik sowohl als Struktur mit einem formalen und deduktiven Charakter wie auch als Lehre von den Mustern. Die dritte Grunderfahrung deutet Mathematik als Entwicklungs- und Handlungsfeld für Fähigkeiten, die über die Mathematik hinausgehen. Diese Grunderfahrungen nach Winter sind allgemein akzeptiert und finden sich so oder in abgewandelter Form in den Bildungsstandards für den mittleren Schulabschluss (vgl. KMK 2003, S. 6), in den Bildungsstandards im Fach Mathematik für die Allgemeine Hochschulreife (vgl. KMK 2012, S. 11) und in den einheitlichen Prüfungsanforderungen im Fach Mathematik (vgl. KMK 2002, S. 3) wieder.

---

4 Viele Themengebiete der Mathematik werden durch Aussagen (Axiome) fundiert. Von diesen werden sogenannte Sätze abgeleitet (deduktiv geschlossen), die zusammen mit den Axiomen eine Ordnung des jeweiligen Themengebietes darstellen.
Eine Person verfügt über heuristische Fähigkeiten, wenn sie Hilfsmittel oder Strategien einsetzt, um einfach und effizient Probleme zu lösen. In der Mathematik sind z. B. Tabelle, Gleichung, informative Figur heuristische Hilfsmittel und Vorwärts-/Rückwärtsarbeiten sowie systematisches Probieren heuristische Strategien. Heuristische Prinzipien sind u. a. Zerlegung, Symmetrie nutzen und Fallunterscheidung.

2.1 Die Bildungsstandards Mathematik

Aufgaben sind im Mathematikunterricht das Vehikel zur Vermittlung der Inhalte und spielen damit eine zentrale Rolle. Je nach Einsatzziel hat eine Aufgabe anderen Anforderungen zu genügen. Lernaufgaben sind gekennzeichnet durch unterschiedliche Niveaus, die Aufgabenteile stehen untereinander oft in einem thematischen Zusammenhang, sie fördern unterschiedliche Kompetenzen und sind vielfältig sowohl in ihren Lösungswegen als auch in ihren Lösungsdarstellungen. Lernaufgaben unterstützen den individuellen Lernprozess und ermöglichen, aus Fehlern zu lernen. Leistungsaufgaben in Klassenarbeiten (summative Lernstandsfeststellung) oder diagnostische Tests (formative Lernstandsfeststellung) haben häufig nur ein einziges Niveau und überprüfen in der Regel auch nur eine Kompetenz, wobei die Lösung oft eindeutig ist. Die Aufgabenteile stehen selten in einem Zusammenhang und das Richtige (Ergebnis, Lösungsweg, Graph, ...) wird bewertet. Mit Leistungsaufgaben kann diagnostiziert und damit ein individueller Förderbedarf festgestellt werden (vgl. Leisen 2010, S. 11). Alle Aufgaben können jedoch in dem Kompetenzmodell der Bildungsstandards Mathematik mit seinen drei Dimensionen verortet werden. Im Folgenden werden die Dimensionen kurz dargestellt und anschließend werden die prozessbezogenen allgemeinen mathematischen Kompetenzen anhand von Beispielaufgaben mit möglichen Lösungen, einem Kommentar und einer Einordnung bez. des Anforderungsbereiches erläutert.

Das den Bildungsstandards Mathematik zugrunde liegende Kompetenzmodell unterscheidet folgende Dimensionen (vgl. KMK 2003):

1. Die *allgemein mathematischen Kompetenzen* (K1 bis K6), die im Lernprozess erworben werden sollen und deswegen auch als prozessbezogene Kompetenzen bezeichnet werden. Diese Kompetenzen überlappen sich teilweise und sind somit nicht scharf voneinander abgegrenzt. Bei der Bearbeitung von Aufgaben können verschiedene Kompetenzen gefordert sein und auch bestimmte Kompetenzen im Vordergrund stehen.

   K1 Mathematisch argumentieren
   K2 Probleme mathematisch lösen
   K3 Mathematisch modellieren
   K4 Mathematische Darstellungen verwenden
   K5 Mit symbolischen, formalen und technischen Elementen der Mathematik umgehen
   K6 Mathematisch kommunizieren

2. Die *inhaltsbezogenen mathematischen Kompetenzen* (L1 bis L5), die fünf Leitideen zugeordnet und innerhalb dieser benannt werden. Die Leitideen sind nicht mit den mathematischen Stoffgebieten (Algebra, Arithmetik, Funktionen, Geometrie, Statistik, Wahrscheinlichkeit) identisch.

   L1 Zahlen
   L2 Messen
   L3 Raum und Form
   L4 Funktionaler Zusammenhang
   L5 Daten und Zufall

3. Drei *Anforderungsbereiche* (AFB I bis AFB III), die das von den Schülern zu erreichende kognitive Anspruchsniveau theoretisch beschreiben. Tatsächlich ist das Anspruchsniveau einer Aufgabe von den Lernvoraussetzungen der Schüler abhängig, also u. a. davon, wie der vorhergehende Unterricht war.

   Anforderungsbereich I: Reproduzieren
   Anforderungsbereich II: Zusammenhänge herstellen
   Anforderungsbereich III: Verallgemeinern und Reflektieren

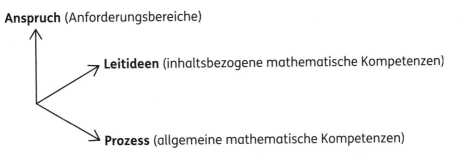

Anspruch (Anforderungsbereiche)

Leitideen (inhaltsbezogene mathematische Kompetenzen)

Prozess (allgemeine mathematische Kompetenzen)

Abbildung 1: Dimensionen des Kompetenzmodells

Die prozessbezogenen allgemeinen mathematischen Kompetenzen (vgl. KMK 2003, S. 8 f.) können nicht immer trennscharf benannt werden. Sind die Arbeitsaufträge einer Aufgabe mithilfe von Operatoren (handlungsinitiierende Verben) formuliert statt durch eine Frage, so geben diese Operatoren (siehe Operatoren im Mathematikunterricht, S. 100) bereits einen Hinweis, welche Kompetenz beim Bearbeiten der Aufgabe erwartet wird. Für die allgemeinen mathematischen Kompetenzen sind die Anforderungsbereiche verallgemeinert so formuliert (KMK 2003, S. 13):

Anforderungsbereich I: Reproduzieren

„Dieser Anforderungsbereich umfasst die Wiedergabe und direkte Anwendung von grundlegenden Begriffen, Sätzen und Verfahren in einem abgegrenzten Gebiet und einem wiederholenden Zusammenhang."

Anforderungsbereich II: Zusammenhänge herstellen

„Dieser Anforderungsbereich umfasst das Bearbeiten bekannter Sachverhalte, indem Kenntnisse, Fertigkeiten und Fähigkeiten verknüpft werden, die in der Auseinandersetzung mit Mathematik auf verschiedenen Gebieten erworben wurden."

Anforderungsbereich III: Verallgemeinern und Reflektieren

„Dieser Anforderungsbereich umfasst das Bearbeiten komplexer Gegebenheiten u. a. mit dem Ziel, zu eigenen Problemformulierungen, Lösungen, Begründungen, Folgerungen, Interpretationen oder Wertungen zu gelangen."

Im Folgenden werden die prozessbezogenen allgemeinen mathematischen Kompetenzen (K1 bis K6) an ausgewählten Aufgaben erläutert.

2.1.1 K1 Mathematisch argumentieren

Hierbei geht es um das Entwickeln von Argumentationen und die Benutzung verschiedener Begründungsmuster sowie um das Verstehen, Erläutern und Bewerten von gegebenen Argumentationen und Argumentationsketten. Aufgaben, die zur Anwendung der Kompetenz *Mathematisch argumentieren* auffordern, verwenden Formulierungen wie: Begründe ...; Erläutere ...; Überprüfe ...; Beweise ...; Widerlege ...; Gib Gründe dafür an, dass ...; Kann es sein, dass ...?; Warum ist das so? (vgl. Blum u. a. 2006, S. 36–39).

Zur Kompetenz *Mathematisch argumentieren* gehören folgende Anforderungen:

Anforderungsbereich I (Blum u. a. 2006, S. 36):

- „Routineargumentationen (bekannte Sätze, Verfahren, Herleitungen usw.) wiedergeben und anwenden"
- „einfach rechnerische Begründungen geben"
- „mit Alltagswissen argumentieren"

Anforderungsbereich II (KMK 2003, S. 13 f.):

- „überschaubare mehrschrittige Argumentationen erläutern oder entwickeln
- Lösungswege beschreiben und begründen
- Ergebnisse bez. ihres Anwendungskontextes bewerten
- Zusammenhänge, Ordnungen und Strukturen erläutern"

Anforderungsbereich III (KMK 2003, S. 13 f.):

- „komplexe Argumentationen erläutern oder entwickeln
- verschiedene Argumentationen bewerten
- Fragen stellen, die für die Mathematik charakteristisch sind, und Vermutungen begründet äußern"

Beispiel 1: Aufgaben zur Kompetenz *Mathematisch argumentieren*

Aufgabe 1 (a) AFB I, b) AFB II)

Radhandel Weigand reduziert zum Ende der Fahrradsaison den Preis einiger Artikel um 20 %. Der Fahrradhelm City-Star kostet nun 31,60 €. Kurz vor Weihnachten wird der Preis des Helms City-Star um 20 % angehoben. Jan sagt: „Der Helm kostet kurz vor Weihnachten dann wieder 39,50 €."

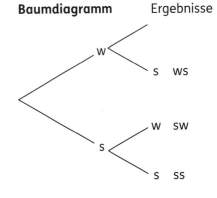

a) Überprüfe Jans Aussage.

b) Erläutere, welcher Fehler Jans Aussage zugrunde liegt.

Mögliche Lösung

a) <u>Preisreduzierung</u>

		<u>Preiserhöhung</u>	
39,50 € ≙ 100 %		31,60 € ≙ 100 %	
7,90 € ≙ 20 %		6,32 € ≙ 20 %	
Reduzierter Preis: 31,60 € ≙ 80 %		Erhöhter Preis: 37,02 € ≙ 120 %	

Die Rechnung zeigt, dass Jans Aussage falsch ist und der Helm nach der Preiserhöhung um 20 % kurz vor Weihnachten nur 37,02 € kostet.

b) Jan hat angenommen, dass der Geldbetrag bei der 20%igen Preiserhöhung derselbe ist wie bei der 20%igen Preisreduzierung (7,90 €). Bei der Preiserhöhung beziehen sich die 20 % allerdings auf einen geänderten Grundwert, hier 31,60 €. Deswegen beträgt der Geldbetrag bei der 20%igen Preiserhöhung nur 6,32 €.

Kommentar

a) Der Operator *Überprüfe (Prüfen)* verlangt, dass Sachverhalte, Aussagen, Probleme, Fragestellungen nach bestimmten, fachlich üblichen bzw. sinnvollen Kriterien bearbeitet werden. Zur Überprüfung und zur Argumentation wurde hier der reduzierte und erhöhte Preis berechnet. Die Rechnung legt nahe, dass Jans Aussage falsch ist. Dieser Aufgabenteil ist dem Anforderungsbereich I zugeordnet, weil eine Routineargumentation wiedergegeben wird.

b) Der Operator *Erläutern* verlangt, dass Sachverhalte o. Ä. so darlegt und veranschaulicht werden, dass sie verständlich werden. Die Kompetenz *Argumentieren* steht hier im Vordergrund, die Kompetenz *Kommunizieren* wird hier benötigt, um den Sachverhalt für einen fiktiven Adressaten (Aufgabensteller) in einer entsprechenden Form wiederzugeben. Weil der Lösungsweg erläutert und begründet wird, ist die Teilaufgabe im Anforderungsbereich II angesiedelt.

Aufgabe 2 (AFB II)

Baumdiagramm   Ergebnisse

Eine Urne enthält acht weiße und zwölf schwarze Kugeln. Es wird zweimal nacheinander eine Kugel zufällig entnommen und nicht wieder zurückgelegt. Lara gibt die Wahrscheinlichkeit für das Ergebnis „Beide Kugeln haben dieselbe Farbe" mit 50 % an und erläutert dies anhand des nebenstehenden Baumdiagramms so: „Das Zufallsexperiment hat vier mögliche Ergebnisse, von denen zwei günstig sind. Damit gilt:

$$P(\text{beide Kugeln haben dieselbe Farbe}) = P(ww, ss) = \frac{2}{4} = 50\,\%.\text{"}$$

Begründe, dass Laras Erläuterung falsch ist.

Mögliche Lösung

Die Wahrscheinlichkeit für das Ergebnis „Beide Kugeln haben dieselbe Farbe" setzt sich zusammen aus den beiden Wahrscheinlichkeiten dafür, dass beide Kugeln weiß oder schwarz sind. Die Wahrscheinlichkeit für das Ergebnis ww bzw. ss ergibt sich jeweils durch die Pfadwahrscheinlichkeit. Damit gilt:

P(beide Kugeln haben dieselbe Farbe) = P(ww, ss) =

$$P(ww) + P(ss) = \frac{8}{20} \cdot \frac{7}{19} + \frac{12}{20} \cdot \frac{11}{19} = \frac{56}{380} + \frac{132}{380} = \frac{188}{380} = \frac{47}{95} \approx 49,5\,\%$$

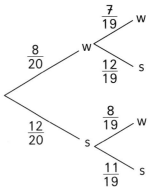

Lara geht bei ihrer Erläuterung von einem Laplace-Experiment aus und nimmt an, dass die Wahrscheinlichkeiten für die vier möglichen Ergebnisse gleich wahrscheinlich sind. Dies ist allerdings nicht der Fall, wie die Rechnung zeigt.

Kommentar

Der Operator *Begründe* verlangt, den Sachverhalt unter Verwendung von Regeln und mathematischen Beziehungen auf Gesetzmäßigkeiten bzw. kausale Zusammenhänge zurückführen. Die Kompetenz *Argumentieren* steht hier im Vordergrund, die Kompetenz *Kommunizieren* wird hier benötigt, um die Begründung für den Adressaten (Aufgabensteller) in einer entsprechenden Form wiederzugeben. Die Aufgabe ist dem Anforderungsbereich II zugeordnet, weil der Lösungsweg beschrieben und begründet wird sowie die Zusammenhänge erläutert werden.

2.1.2 K2 Probleme mathematisch lösen

Zur Bearbeitung einer Aufgabe ist ein strategisches Vorgehen zum Auffinden der mathematischen Lösung notwendig. Die Schüler verwenden zum Entwickeln von Lösungsideen und zum Ausführen geeigneter Lösungswege (heuristische) Hilfsmittel oder Strategien, wie Skizze, Figur, Tabelle, Hilfslinien einzeichnen, systematisches Probieren, Vorwärts-/Rückwärtsarbeiten, Figuren oder Formen zerlegen oder ergänzen, Symmetrien oder Analogien nutzen (vgl. Blum u. a. 2006, S. 39 f.).

Zur Kompetenz *Probleme mathematisch lösen* gehören folgende Anforderungen:

Anforderungsbereich I (KMK 2003, S. 14):

- „Routineaufgaben lösen (‚sich zu helfen wissen')
- einfache Probleme mit bekannten – auch experimentellen – Verfahren lösen"

Anforderungsbereich II (KMK 2003, S. 14):

- „Probleme bearbeiten, deren Lösung die Anwendung von heuristischen Hilfsmitteln, Strategien und Prinzipien erfordert
- Probleme selbst formulieren
- die Plausibilität von Ergebnissen überprüfen"

Anforderungsbereich III (Blum u. a. 2006, S. 39):

- eine differenziert ausgebildete Strategie konstruieren, „um z. B. die Vollständigkeit einer Fallunterscheidung zu begründen oder eine Schlussfolgerung zu verallgemeinern"
- „Reflektieren über verschiedene Lösungswege"

Beispiel 2: Aufgaben zur Kompetenz *Probleme mathematisch lösen*
Aufgabe 3 (a) AFB I, b) AFB I)

Radhandel Weigand reduziert zum Ende der Fahrradsaison den Preis einiger Artikel. Der Fahrradhelm City-Star kostet nun 31,60 €. Kurz vor Weihnachten wird der Preis des Helms City-Star um denselben Prozentsatz erhöht, um den der Preis vorher reduziert wurde.

a) Gib den Prozentsatz an, um den der Preis des Fahrradhelms reduziert wurde.

b) Berechne den erhöhten Preis kurz vor Weihnachten.

~~39,50 €~~

31,60 €

Mögliche Lösung

a) <u>Preisreduzierung</u>

Alter Preis:	39,50 € $\triangleq$ 100 %
Reduzierter Preis:	31,60 € $\triangleq$ 80 %
Reduzierter Betrag:	7,90 € $\triangleq$ 20 %
Prozentsatz:	20 %

<u>Preiserhöhung</u>

Reduzierter Preis:	31,60 € $\triangleq$ 100 %
Erhöhter Betrag:	6,32 € $\triangleq$ 20 %
Erhöhter Preis:	37,02 € $\triangleq$ 120 %

Kommentar

a) Der Operator *Angeben* verlangt, dass Objekte, Sachverhalte, Begriffe, Daten ohne nähere Erläuterungen, Begründungen und ohne Darstellung von Lösungsansätzen oder Lösungswegen aufzuzählen bzw. anzugeben sind. Da der Prozentsatz nicht abgelesen werden kann und für die meisten Schüler nur durch eine Rechnung zu bestimmen ist, wurde hier eine Rechnung angegeben. Gute Schüler kommen durch Probieren auf den Prozentsatz von 20 %, indem sie im Kopf 10 % oder 20 % vom alten Preis berechnen und mit der Preisdifferenz vergleichen.

Der Aufgabenteil a) stellt einen Zwischenschritt zur Lösung des Aufgabenteils b) dar und hätte auch weggelassen werden können. Es handelt sich um eine Routineaufgabe, weswegen der Anforderungsbereich I gewählt wurde.

b) Der Operator *Berechnen* verlangt, durch Rechenoperationen zu einem Ergebnis zu gelangen und die Rechenschritte zu dokumentieren. Die Kompetenz *Probleme lösen* steht hier im Vordergrund und wird erst im Aufgabenteil b) verlangt. Mithilfe des Modells *Veränderter Grundwert* wird die Aufgabe gelöst, d. h., die Kompetenz *Modellieren* wird hier benötigt. Eine Formulierung des Ergebnisses ist bei dem Operator *Berechnen* nicht nötig. Es wird ein einfaches Problem mit einem bekannten Verfahren gelöst, deswegen wurde der Anforderungsbereich I gewählt.

Aufgabe 4 (AFB II)

Berechne den Flächeninhalt des schraffierten Dreiecks. Die Zahlenwerte in der Skizze sind in der Einheit cm angegeben.

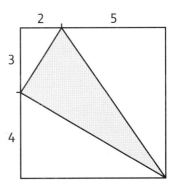

Mögliche Lösung

Flächeninhalt des schraffierten Dreiecks:

$$AD = 7 \cdot 7 - \frac{1}{2} \cdot 5 \cdot 7 - \frac{1}{2} \cdot 4 \cdot 7 - \frac{1}{2} \cdot 2 \cdot 3 = 49 - 17,5 - 3 - 14 = 14,5 \text{ cm}^2$$

Kommentar

Der Operator *Berechnen* verlangt, durch Rechenoperationen zu einem Ergebnis zu gelangen und die Rechenschritte zu dokumentieren. Die Kompetenz *Probleme lösen* steht hier im Vordergrund. Es wurde die Strategie *Zerlegen* verwendet. Das Quadrat wird in vier Dreiecke aufgeteilt, wie in der Abbildung zu sehen ist. Vom Flächeninhalt des Quadrates werden die Flächeninhalte der drei nicht schraffierten Dreiecke abgezogen. Übrig bleibt der Flächeninhalt der schraffierten Fläche.

Da hier die Strategie *Zerlegen* benutzt wird, ist die Aufgabe dem Anforderungsbereich II zugeordnet.

Aufgabe 5 (AFB I)

Eine Urne enthält acht weiße und zwölf schwarze Kugeln. Es wird zweimal nacheinander eine Kugel zufällig entnommen. Bestimme auf der Grundlage zweier unterschiedlicher Annahmen jeweils die Wahrscheinlichkeit dafür, dass mindestens eine Kugel schwarz ist.

Mögliche Lösung

<u>Annahme 1:</u> Die entnommene Kugel wird nicht zurückgelegt. (Modell: Ziehen ohne Zurücklegen)

Baumdiagramm für die Annahme 1

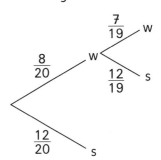

P(mindestens eine Kugel ist schwarz) = 1 – P(keine Kugel ist schwarz) = 1 – P(ww) = $1 - \frac{8}{20} \cdot \frac{7}{19} = 1 - \frac{14}{95} = \frac{81}{95} \approx 85{,}3 \%$

<u>Annahme 2:</u> Die entnommene Kugel wird zurückgelegt. (Modell: Ziehen mit Zurücklegen)

P(mindestens eine Kugel ist schwarz) = 1 – P(keine Kugel ist schwarz) = 1 – P(ww) = $1 - \frac{8}{20} \cdot \frac{8}{20} = 1 = \frac{4}{25} = \frac{21}{25} = 84{,}0 \%$

Bei der Annahme 1 ist die Wahrscheinlichkeit, beim zweiten Ziehen eine weiße Kugel zu ziehen, kleiner ($\frac{7}{19} \approx 85{,}3\,\%$) als bei der Annahme 2 ($\frac{8}{20} = 40\,\%$), deswegen ist die Wahrscheinlichkeit dafür, dass mindestens eine Kugel schwarz ist, bei der Annahme 1 (Modell: Ziehen ohne Zurücklegen) größer.

Kommentar

Der Operator *Bestimmen* verlangt, Zusammenhänge bzw. Lösungswege aufzuzeigen, das Vorgehen darzustellen und die Ergebnisse zu formulieren. Die Kompetenz *Probleme lösen* steht hier im Vordergrund. Die Kompetenz *Modellieren* wird benötigt, um ein geeignetes Modell (Ziehen mit/ohne Zurücklegen) zu wählen. Die Kompetenz *Kommunizieren* wird hier benötigt, um das Ergebnis für einen fiktiven Adressaten (Aufgabensteller) in einer entsprechenden Form wiederzugeben.

Die Aufgabe wird dem Anforderungsbereich I zugeordnet, weil die Lösung mit einem bekannten Verfahren erfolgt.

2.1.3 K3 Mathematisch modellieren

Modellieren bedeutet, einen realitätsbezogenen Sachverhalt in ein reduziertes mathematisches Modell zu übertragen und mit mathematischen Mitteln zu lösen. Das Ergebnis wird bezogen auf den realitätsbezogenen Sachverhalt bewertet. Die Modellierung (Modellierungskreislauf) besteht aus den Teilschritten (vgl. Blum u. a. 2006, S. 41):

1. Die reale Sachsituation verstehen.
2. Die reale Sachsituation strukturieren und vereinfachen.
3. Die reale vereinfachte Sachsituation in ein mathematisches Modell übertragen (mathematisieren).
4. Die mathematische Sachsituation mithilfe mathematischer Mittel lösen.
5. Das Ergebnis bezogen auf die reale Sachsituation überprüfen, interpretieren und reflektieren.

Der vierte Teilschritt gehört nicht zur Kompetenz *Modellieren*, weil hier mithilfe mathematischer Mittel gearbeitet wird. Die Übersetzungsprozesse von der Realsituation in das mathematische Modell und zurück sind das Zentrale bei der Kompetenz *Mathematisch modellieren* (vgl. Blum u. a. 2006, S. 40–43).

Zur Kompetenz *Mathematisch modellieren* gehören folgende Anforderungen:

Anforderungsbereich I (Blum u. a. 2006, S. 41):

■ „vertraute und direkt erkennbare Standardmodelle nutzen (z. B. Dreisatz)"

■ „direktes Überführen einer Realsituation in die Mathematik"

■ „direktes Interpretieren eines mathematischen Resultats"

Anforderungsbereich II (KMK 2003, S. 14):

■ „Modellierungen, die mehrere Schritte erfordern, vornehmen

■ Ergebnisse einer Modellierung interpretieren und an der Ausgangssituation prüfen

■ einem mathematischen Modell passende Situationen zuordnen"

Anforderungsbereich III (KMK 2003, S. 14):

■ „komplexe oder unvertraute Situationen modellieren

■ verwendete mathematische Modelle (wie Formeln, Gleichungen, Darstellungen von Zuordnungen, Zeichnungen, strukturierte Darstellungen, Ablaufpläne) reflektieren und kritisch beurteilen"

Beispiel 3: Aufgaben zur Kompetenz *Mathematisch modellieren*

Aufgabe 6 (AFB II-III)

Wie viele Liter Sand befinden sich in den Händen?

Mögliche Lösung

Teilschritte :

1. Die reale Sachsituation verstehen.

In den aneinandergehaltenen Händen befindet sich Sand. Das Volumen des Sandes soll in der Einheit Liter bestimmt werden.

2. Die reale Sachsituation strukturieren und vereinfachen.

Es wird angenommen, dass der Sand nicht gehäuft ist, d.h., die Sandoberfläche ist eben und somit ist nur das Volumen der Handmulde zu bestimmen. Experimentell wurden bei einer Schülerhand verschiedene Tiefen gemessen. Die mittlere Tiefe der Handmulde beträgt danach etwa 2,0 cm (Annahme).

3. Die reale vereinfachte Sachsituation in ein mathematisches Modell übertragen (mathematisieren).

Die Längen auf dem Bild werden durch einen geeigneten Maßstab, der durch Ausmessen an einer Schülerhand aufgefunden wird, in die reale Welt übertragen. Die Sandoberfläche wird durch zwei gleichschenklige Dreiecke mit einer Hypotenuse gleicher Länge von 14,0 cm (von Daumenknick zu Daumenknick) angenähert. Die Seitenlänge des oberen Dreiecks (Länge von den sich berührenden Handgelenken bis zum Daumenknick) beträgt 11,0 cm, die des unteren Dreiecks (Daumenknick bis zum Mittelfinger) 10,3 cm.

4. Die mathematische Sachsituation mithilfe mathematischer Mittel lösen.

Höhe des oberen Dreiecks: $h_o = \sqrt{11,0^2 - 7,0^2} \approx 8,5$ cm

Höhe des unteren Dreiecks: $h_u = \sqrt{10,3^2 - 7,0^2} \approx 7,6$ cm

Volumen $V = (\frac{1}{2} \cdot 14,0 \cdot 8,5 + \frac{1}{2} \cdot 14,0 \cdot 7,6)$ cm² $\cdot$ 2,0 cm = 112,7 cm² $\cdot$ 2,0 cm = 225,4 cm³ $\approx$ 0,23 Liter

5. Das Ergebnis bezogen auf die reale Sachsituation überprüfen, interpretieren und reflektieren.

In den aneinandergehaltenen Händen befindet sich etwa ein Viertelliter Sand. Das Volumen entspricht etwa dem Inhalt eines Trinkbechers bzw. Glases. Aufgrund der mittleren Tiefe der Handmulde kann die Sandmenge etwas größer bzw. kleiner sein. Die ebene Sandoberfläche ist mit den beiden Dreiecken recht genau erfasst worden. Das berechnete Volumen von etwa einem Viertelliter erscheint deswegen realistisch zu sein.

Kommentar

Die Aufgabenstellung ist als Frage formuliert und als Antwort wird ein Volumen in der Einheit Liter erwartet. Als handlungsinitiierende Operatoren kommen hier *Bestimmen* bzw. *Berechnen* infrage. Der Operator *Bestimmen* ist der weitestgehende und verlangt, dass Zusammenhänge bzw. Lösungswege aufgezeigt, das Vorgehen dargestellt und die Ergebnisse formuliert werden. Der Operator *Berechnen* verlangt, durch Rechenoperationen zu einem Ergebnis zu gelangen und die Rechenschritte zu dokumentieren. Da vorrangig die Kompetenz *Mathematisch modellieren* verlangt ist, ist die Berechnung des Sandvolumens Teil des vierten Schritts. Um die erwartete Leistung des Operators *Bestimmen* zu erfüllen, erfolgt die Aufgabenbearbeitung in den fünf Teilschritten der Modellierung.

Die Aufgabenstellung könnte auch so formuliert werden: Bestimme, wie viel Liter Sand sich in den Händen befinden.

Die Größe der Sandoberfläche kann auch durch andere geometrische Formen (einen Viertelkreis mit dem Radius 11,0 cm; einen Drachen; einen Achtelkreis und eine Spiegelung; mehrere Dreiecke; ...) abgeschätzt werden.

Zur Modellierung sind mehrere Schritte erforderlich, dies entspricht dem Anforderungsbereich II. Für einige Schüler kann dies eine unvertraute Sachsituation darstellen, deswegen kommt auch der Anforderungsbereich III infrage.

Aufgabe 7 (AFB I)

Eine Urne enthält acht weiße und zwölf schwarze Kugeln. Es wird zweimal nacheinander eine Kugel zufällig entnommen. Mit einem Baumdiagramm stellen Samir und Elaine jeweils die Situation dar. Erläutere, welches Modell Samir bzw. Elaine für die Darstellung verwendet haben.

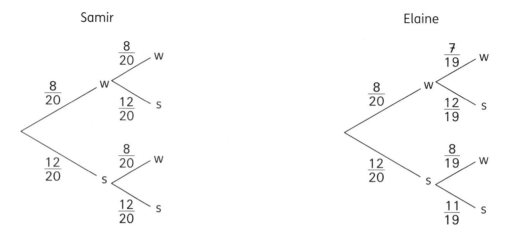

Mögliche Lösung

Samir hat das Modell *Ziehen mit Zurücklegen* verwendet. Die Wahrscheinlichkeit, eine weiße $\left(\frac{8}{20}\right)$ bzw. eine schwarze $\left(\frac{12}{20}\right)$ Kugel zu ziehen, bleibt gleich, weil die Anzahl der Kugeln in der Urne gleich bleibt. Elaine hat das Modell *Ziehen ohne Zurücklegen* verwendet, d. h., beim zweiten Ziehen befindet sich eine Kugel weniger in der Urne. Hierbei ändert sich die Wahrscheinlichkeit, eine weiße $\left(\frac{8}{20}\right)$ bzw. eine schwarze $\left(\frac{12}{20}\right)$ Kugel zu ziehen, beim zweiten Ziehen für weiß auf $\left(\frac{7}{19}\right)$ bzw. $\left(\frac{8}{19}\right)$ und für schwarz auf $\left(\frac{12}{19}\right)$ bzw. $\left(\frac{11}{19}\right)$.

Kommentar

Der Operator *Erläutern* verlangt, dass Sachverhalte o. Ä. so dargelegt und veranschaulicht werden, dass sie verständlich werden. Die Kompetenz *Mathematisch modellieren* steht hier im Vordergrund und davon der dritte Teilschritt: die reale vereinfachte Sachsituation in ein mathematisches Modell übertragen (mathematisieren). Der Übersetzungsprozess in das Modell *Ziehen mit* bzw. *ohne Zurücklegen* sollte hier erkannt werden. Wegen der verständlichen Beschreibung der Erläuterung für einen Adressaten (Fragensteller) wird die Kompetenz *Kommunizieren* benötigt.

Da das Standardmodell *Ziehen mit* bzw. *ohne Zurücklegen* benutzt wird, ist die Aufgabe dem Anforderungsbereich I zugeordnet.

2.1.4 K4 Mathematische Darstellungen verwenden

Diese Kompetenz umfasst das eigenständige Entwickeln geeigneter mathematischer Darstellungen, das reflektierte Umgehen mit vorgegebenen mathematischen Repräsentationen und den Wechsel zwischen verschiedenen Darstellungsformen. Zu den Darstellungen zählen: Skizze, Diagramm, Abbildung, Graph, statistisches Schaubild, Formel, Tabelle, Foto, sprachliche Darstellung, Handlung/Geste und Computerprogramm in einer Programmiersprache. Diese Kompetenz ist erst dann gefordert, wenn für die Bearbeitung einer Aufgabe die aktive Auseinandersetzung mit einer mathematischen Darstellung erforderlich ist. Eine illustrierende Darstellung in der Aufgabenstellung macht diese Kompetenz nicht notwendig (vgl. Blum u. a. 2006, S. 43 – 46).

Zur Kompetenz *Mathematische Darstellungen verwenden* gehören folgende Anforderungen:

Anforderungsbereich I (KMK 2003, S. 15):

- „vertraute und geübte Darstellungen von mathematischen Objekten und Situationen anfertigen oder nutzen"

Anforderungsbereich II (Blum u. a. 2006, S. 44):

■ „gegebene Darstellungsformen verständig interpretieren oder verändern"

■ „zwischen zwei Darstellungsformen wechseln"

Anforderungsbereich III (KMK 2003, S. 15):

■ „eigene Darstellungen entwickeln

■ verschiedene Formen der Darstellung zweckentsprechend beurteilen

■ nicht vertraute Darstellungen lesen und ihre Aussagekraft beurteilen"

Beispiel 4: Aufgaben zur Kompetenz *Mathematische Darstellungen verwenden*

Aufgabe 8 (AFB I)

Zeichne zu der Funktion $f(x) = 2x^2 - 3$ den dazugehörigen Graphen in ein frei zu wählendes Koordinatensystem.

Mögliche Lösung

x	f(x)
−2	5
−1	−1
−0,5	−2,5
0	−3
0,5	−2,5
1	−1
2	5

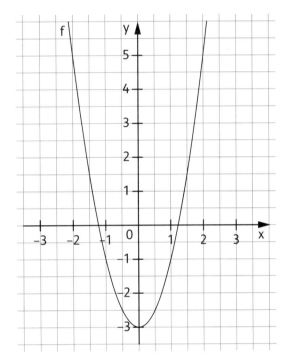

Kommentar

Der Operator *Zeichnen* verlangt, dass eine hinreichend exakte graphische Darstellung von den Objekten oder den Daten angefertigt wird. Die Formulierung „in ein frei zu wählendes Koordinatensystem" verlangt vom Schüler, einen sinnvollen Bereich auszuwählen (hier um den Scheitelpunkt $S(0|{-}3)$), in dem der Graph gezeichnet werden kann, und beinhaltet die Skalierung der beiden Achsen. Die Kompetenz *Mathematische Darstellungen verwenden* ist verlangt, da zu einer gegebenen Funktion der dazugehörige Graph zu zeichnen ist. Es ist eine vertraute und geübte Darstellung anzufertigen, deswegen erfolgt die Zuordnung zum Anforderungsbereich I.

Aufgabe 9 (AFB I)

Eine Urne enthält acht weiße und zwölf schwarze Kugeln. Es wird zweimal nacheinander eine Kugel zufällig entnommen und nicht zurückgelegt. Für das Ergebnis „Beide Kugeln haben dieselbe Farbe" berechnet Asimena die Wahrscheinlichkeit:

P(beide Kugeln haben dieselbe Farbe) = P(ww, ss) = P(ww) + P(ss) = $\frac{8}{20} \cdot \frac{7}{19} + \frac{12}{20} \cdot \frac{11}{19} = \frac{56}{380} + \frac{132}{380}$

$= \frac{188}{380} = \frac{47}{95} \approx 49,5\,\%$

Zeichne das Baumdiagramm zu dem Ergebnis und beschrifte alle Pfade mit den entsprechenden Wahrscheinlichkeiten.

Mögliche Lösung

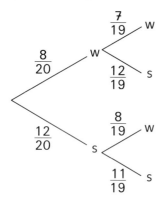

Kommentar

Der Operator *Zeichnen* verlangt, dass eine hinreichend exakte graphische Darstellung von den Objekten oder den Daten angefertigt wird. Der Operator *Beschriften* wird in der Mathematik in der Regel nicht verwendet, hier hat er die Bedeutung *Angeben*. Die Aufgabe ist im Anforderungsbereich I anzusiedeln, da eine vertraute und geübte Darstellung anzufertigen ist.

2.1.5 K5 Mit symbolischen, formalen und technischen Elementen der Mathematik umgehen

Diese Kompetenz bezieht sich auf den Gebrauch sowohl von mathematischen Fakten als auch von mathematischen Fertigkeiten. Zu den Fakten zählt das unmittelbar abrufbare Wissen (z. B. eine Definition, Regel oder Formel), zu den Fertigkeiten zählt das weitgehend automatisiert ablaufende Anwenden, Arbeiten, Aus- und Durchführen sowie Verwenden. Insbesondere gehören hierzu (Blum u. a. 2006, S. 47):

- „das Kennen und Anwenden mathematischer Definitionen, Regeln, Algorithmen oder Formeln,
- das formale Arbeiten mit Variablen, Termen, Gleichungen oder Funktionen,
- das Ausführen von Lösungs- und Kontrollverfahren, die eine bestimmte Schrittfolge aufweisen,
- das Durchführen geometrischer Grundkonstruktionen,
- das Verwenden von Hilfsmitteln wie Formelsammlung oder Taschenrechner"

Zur Kompetenz *Mit symbolischen, formalen und technischen Elementen der Mathematik umgehen* gehören folgende Anforderungen:

Anforderungsbereich I (KMK 2003, S. 15):

- „Routineverfahren verwenden
- mit vertrauten Formeln und Symbolen umgehen
- mathematische Werkzeuge (wie Formelsammlungen, Taschenrechner, Software) in Situationen nutzen, in denen ihr Einsatz geübt wurde"

Anforderungsbereich II (KMK 2003, S. 15):

- „Lösungs- und Kontrollverfahren ausführen
- symbolische und formale Sprache in natürliche Sprache übersetzen und umgekehrt
- mit Variablen, Termen, Gleichungen, Funktionen, Tabellen und Diagrammen arbeiten
- mathematische Werkzeuge verständig auswählen und einsetzen"

Anforderungsbereich III (Blum u. a. 2006, S. 47):

- „Durchführen komplexer Prozeduren"
- „Bewerten von Lösungs- und Kontrollverfahren"
- „Reflektieren der Möglichkeiten und Grenzen mathematischer Werkzeuge"

Beispiel 5: Aufgaben zur Kompetenz *Mit symbolischen, formalen und technischen Elementen der Mathematik umgehen*

Aufgabe 10 (a) AFB I, b) AFB II, c) AFB I)

a) Welche Eigenschaft besitzen beide Geraden?

b) Gib für beide Geraden die Geradengleichung an.

c) Zeichne die Gerade h(x) = 0,5x in das Koordinatensystem ein.

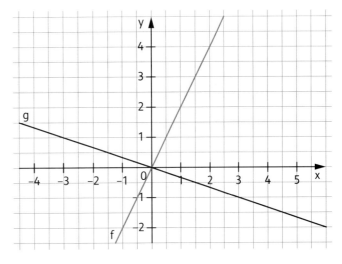

Mögliche Lösung

a) Beide Geraden verlaufen durch den Ursprung des Koordinatensystems, deswegen ist der Wert des y-Achsenabschnittes bei beiden Geraden null.

b) $f(x) = 2x$; $g(x) = -\dfrac{1}{3}x$

c)

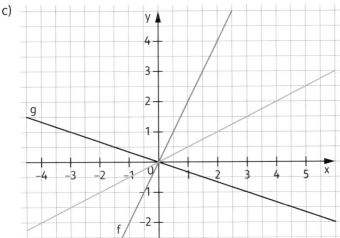

Kommentar

a) Der Arbeitsauftrag ist als Frage formuliert. Als handlungsinitiierender Operator kommt hier *Angeben* infrage. Er verlangt, Objekte, Sachverhalte, Begriffe, Daten ohne nähere Erläuterungen, Begründungen und ohne Darstellung von Lösungsansätzen oder Lösungswegen aufzuzählen. Die Aufgabenstellung könnte auch so formuliert werden: Gib an, welche Eigenschaft beide Geraden besitzen.
Eine allgemeine Eigenschaft der Ursprungsgeraden ist anzugeben, deswegen ist dieser Aufgabenteil dem Anforderungsbereich I zugeordnet.

b) Wie im Aufgabenteil a) ist der Operator *Angeben* verlangt. Da hier die Geradengleichungen anzugeben sind, ist dieser Aufgabenteil im Anforderungsbereich II eingeordnet.

c) Der Operator *Zeichnen* verlangt, dass eine hinreichend exakte graphische Darstellung von den Objekten oder den Daten angefertigt wird. Verlangt ist in dieser Teilaufgabe in Abgrenzung zur Kompetenz *Mit symbolischen, formalen und technischen Elementen der Mathematik umgehen* vorrangig die Kompetenz *Darstellungen verwenden*. Da eine vertraute Darstellung angefertigt wird, ist der Anforderungsbereich I gewählt worden.

Aufgabe 11 (AFB II)

Eine Urne enthält insgesamt 20 Kugeln, davon n weiße Kugeln mit $1 \leq n \leq 20$. Die restlichen Kugeln sind schwarz. Es wird zweimal nacheinander eine Kugel zufällig entnommen und zurückgelegt. Die Wahrscheinlichkeit für das Ergebnis „Beide Kugeln haben dieselbe Farbe" kann durch den Term

$P(n) = \left(\dfrac{n}{20}\right)^2 + \left(\dfrac{20-n}{20}\right)^2$ beschrieben werden. Berechne n, sodass gilt: $P(n) = 52\,\%$.

Mögliche Lösung

$$\left(\frac{n}{20}\right)^2 + \left(\frac{20-n}{20}\right)^2 = 52\,\%$$

$$\frac{n^2}{400} + \frac{400 - 40n + n^2}{400} = 0,52 \qquad |\cdot 400$$

$$n^2 + 400 - 40\,n + n^2 = 208 \qquad |\sqrt{n}$$

$$2n^2 - 40\,n + 400 = 208 \qquad |-208$$

$$2n^2 - 40\,n + 192 = 0 \qquad |:2$$

$$n^2 - 20\,n + 96 = 0 \qquad |\,pq\text{-Formel}$$

$$n_{1/2} = 10 \pm \sqrt{10^2 - 96}$$

$$n_{1/2} = 10 \pm \sqrt{4}$$

$$n_{1/2} = 10 \pm 2 \;\Rightarrow\; n_1 = 8;\; n_2 = 12$$

Da für $n = 8$ der Term $20 - n = 12$ ist, sind beide Lösungen n_1 und n_2 gleichwertig.

Kommentar

Der Operator *Berechnen* verlangt, durch Rechenoperationen zu einem Ergebnis zu gelangen und die Rechenschritte zu dokumentieren. Die angegebene Gleichung ist so umzuformen, dass das Routineverfahren pq-Formel angewendet und die Variable n bestimmt werden kann. Da es zwei Lösungen gibt, ist zu beurteilen, welche Lösung die richtige ist. Die Aufgabe ist im Anforderungsbereich II angesiedelt, da mit einer Gleichung gearbeitet wird.

2.1.6 K6 Mathematisch kommunizieren

Diese Kompetenz beinhaltet einerseits das Verstehen von Texten und mündlichen Aussagen zu mathematischen Inhalten und andererseits das verständliche mündliche und schriftliche Dokumentieren, Darstellen und Präsentieren von Überlegungen, Lösungswegen und Ergebnissen. Die Kompetenzen *Mathematisch kommunizieren* und *Mathematisch argumentieren* sind voneinander abzugrenzen. Beim Argumentieren sind „explizite und implizite Argumentationsprozesse zur Beschreibung, Konkretisierung und Veranschaulichung eines mathematischen Inhalts erforderlich (...), die aber nicht notwendig einen direkten externen Adressatenbezug haben." (Blum u. a. 2006, S. 48) Der externe Adressatenbezug ist allerdings beim Kommunizieren erforderlich, beispielsweise wenn einer konkreten Person (Schüler, Lehrkraft) oder einer fiktiven Person ein Rechen- oder Lösungsweg erklärt oder erläutert wird.

Zur Kompetenz *Mathematisch kommunizieren* gehören folgende Anforderungen (Blum u. a. 2006, S. 49):

Anforderungsbereich I:

- „Darlegung einfacher mathematischer Sachverhalte"
- „Identifikation und Auswahl von Informationen aus kurzen mathematikhaltigen Texten (die Ordnung der Information im Text entspricht weitgehend den Schritten der mathematischen Bearbeitung)"

Anforderungsbereich II:

- „Verständliche, i. d. R. mehrschrittige Darlegung von Lösungswegen, Überlegungen und Ergebnissen"
- „Äußerungen (richtige, aber auch fehlerhafte) von anderen Personen zu mathematischen Texten interpretieren"
- „Identifikation und Auswahl von Informationen aus mathematikhaltigen Texten (die Ordnung der Information entspricht nicht unmittelbar den Schritten der mathematischen Bearbeitung)"

Anforderungsbereich III:

- „Entwickeln einer kohärenten und vollständigen Präsentation eines komplexen Lösungs- oder Argumentationsprozesses"[5]
- „komplexe mathematische Texte sinnentnehmend erfassen"
- „Äußerungen von anderen vergleichen, bewerten und ggf. korrigieren"

---

[5] Kohärent meint an dieser Stelle eine zusammenhängende und in sich schlüssige Präsentation ohne Widersprüche.

Beispiel 6: Aufgaben zur Kompetenz *Mathematisch kommunizieren*

Aufgabe 12 (a) AFB I, b) AFB II)

Eine Zeitungsmeldung vom März 2018[6]:

> *„In Deutschland sind 2017 wieder weniger Babys geboren worden. Die Zahl der Geburten fiel 2017 im Vergleich zum Vorjahr um 0,9 % auf 784 884 Geburten. In den fünf Jahren zuvor stieg die Zahl der Geburten. Zuletzt von 737 575 Geburten in 2015 auf 792 131 Geburten in 2016. Von einer Trendwende kann angesichts des geringen Geburtenrückgangs nicht gesprochen werden."*

a) Wie viele Geburten gab es 2017 im Vergleich zum Vorjahr weniger?

b) Erkläre die Aussage „Von einer Trendwende kann angesichts des geringen Geburtenrückgangs nicht gesprochen werden" mithilfe geeigneter Rechnungen.

Mögliche Lösung

a) Zahl der Geburten 2017: 784 884; Zahl der Geburten 2016: 792 131
   Differenz: 792 131 – 784 884 = 7 247 Geburten
   Es gab 2017 im Vergleich zum Vorjahr 7 247 Geburten weniger.

b) Prozentualer Anstieg der Zahl der Geburten von 2015 auf 2016:
   Zahl der Geburten 2016: 792 131; Zahl der Geburten 2015: 737 575
   Differenz: 792 131 – 737 575 = 54 556 Geburten
   54 556 : 737 575 = 0,0739 $\approx$ 7,4 %

2016 ist die Zahl der Geburten im Vergleich zu 2015 um 7,4 % angestiegen. Da in den Jahren 2012 bis 2016 die Zahl der Geburten jeweils angestiegen ist, ist der Rückgang um 0,9 % als eher klein anzusehen. Erst wenn die Geburtenzahl wiederholt sinkt, kann von einer Trendwende gesprochen werden.

Kommentar

a) Der Arbeitsauftrag ist als Frage formuliert, es wird erwartet, die Anzahl der Geburten zu berechnen. Der Operator *Berechnen* verlangt, durch Rechenoperationen zu einem Ergebnis zu gelangen und die Rechenschritte zu dokumentieren. Die Kompetenz *Kommunizieren* ist wegen des fiktiven Adressaten (Fragensteller) verlangt. Aufgrund der Entnahme von Informationen aus dem Text gehört die Aufgabe in den Anforderungsbereich I.

b) Der Operator *Erklären* verlangt, Sachverhalte o. Ä. unter Verwendung der Fachsprache auf fachliche Grundprinzipien oder kausale Zusammenhänge zurückzuführen. Es sind Informationen aus dem Text zu entnehmen, deren Abfolge nicht den mathematischen Bearbeitungsschritten entspricht. Weiter ist eine verständliche Darstellung für die Erklärung der Aussage zu formulieren, deswegen ist die Teilaufgabe dem Anforderungsbereich II zugeordnet.

Aufgabe 13 (AFB I)

Eine Urne enthält acht weiße und zwölf schwarze Kugeln. Es wird zweimal nacheinander eine Kugel zufällig entnommen und zurückgelegt. David fertigt für diese Situation das rechts abgebildete Baumdiagramm an. Beschreibe unter Verwendung von Fachsprache die Bedeutung des Bruches $\frac{8}{20}$ in dem abgebildeten Baumdiagramm.

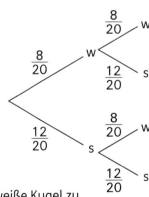

Mögliche Lösung

Der Bruch $\frac{8}{20}$ gibt die Wahrscheinlichkeit dafür an, aus 20 Kugeln zufällig eine weiße Kugel zu ziehen. Da die gezogene Kugel wieder zurückgelegt wird, ist die Wahrscheinlichkeit, zufällig eine weiße Kugel zu ziehen, beim ersten und zweiten Ziehen gleich groß. An den Pfaden, die zum Ziehen einer weißen Kugel gehören, steht deswegen im Baumdiagramm der Bruch $\frac{8}{20}$.

---

6 Die Daten stammen vom Statistischen Bundesamt in Wiesbaden, URL: https://www.destatis.de/DE/ZahlenFakten/Gesellschaft Staat/Bevoelkerung/Geburten/Tabellen/LebendgeboreneDifferenz.html (abgerufen: 04.10.2018).

Kommentar

Der Operator *Beschreiben* verlangt, Aussagen, Strukturen, Sachverhalte oder Verfahren in eigenen Worten unter Berücksichtigung der Fachsprache sprachlich angemessen wiederzugeben (hier sind auch Einschränkungen möglich, z. B.: Beschreibe in Stichworten ...; Beschreibe mithilfe einer Rechnung ...). Der Hinweis „unter Verwendung von Fachsprache" fordert den Gebrauch dieser explizit ein. Ohne diesen Hinweis benutzen die Schüler eher die Alltagssprache, wodurch die Beschreibung in der Regel an einigen Stellen unpräzise bleibt. Die Aufgabe ist im Anforderungsbereich I angesiedelt, da ein einfacher Sachverhalt beschrieben wird.

2.2 Didaktik – Qualitätskriterien für den Mathematikunterricht

Allgemein ist die Didaktik die Lehre vom Lehren und Lernen – in unserem Fall – der mathematischen Inhalte. Die Didaktik soll Antworten auf sehr unterschiedliche Fragen geben, u. a.:

■ Wie können die vorgesehenen Inhalte sinnvoll vermittelt werden?

■ Welcher Inhalt soll in welcher Abfolge wie lange unterrichtet werden?

■ Wie soll der Unterricht strukturiert werden?

■ Welche Methoden sollen eingesetzt werden?

■ Welche Medien unterstützen den Lernprozess?

■ Welche inhaltsbezogenen Schwierigkeiten sind bei den Lernenden zu erwarten?

■ Wie kann mit den unterschiedlichen Lernvoraussetzungen der Lernenden umgegangen werden?

■ Wie können die Lernenden motiviert und individuell gefördert werden?

Abbildung 2: Wechselwirkung der Mathematikdidaktik mit anderen Disziplinen

Da die Mathematikdidaktik diese Fragen nicht allein beantworten kann, steht sie in Wechselwirkung mit anderen Disziplinen und Bereichen. Exemplarisch werden vier genannt (Abb. 2):

■ *Mathematik*: Gemeint ist die wissenschaftliche Disziplin, in der beispielsweise Algorithmen zur Steuerung digitaler Prozesse, wie sie in sozialen Netzwerken oder als Suchalgorithmus bei Suchmaschinen verwendet werden, oder mathematische Modelle, um komplexe Prozesse (z. B. Erderwärmung, Bevölkerungsentwicklung) zu beschreiben, entwickelt werden. Die Mathematik stellt Instrumente und Verfahren zur Verfügung, um Statistik und Stochastik (z. B. zur Abschätzung der Wirkung von Medikamenten) zu betreiben.

■ *Pädagogik*: Hier geht es um Fragen der Erziehung und Bildung, wie die Vereinbarung von Regeln, die Reflexion von gezeigtem Verhalten, den Umgang mit Störungen im Unterricht sowie die Gestaltung von Lehr- und Lernprozessen oder den fachgerechten Einsatz von Medien.

■ *Psychologie*: Berührungspunkte sind u. a. die psychische und kognitive Entwicklung der Kinder und Jugendlichen, die Erzeugung von Motivation bei den Lernenden, der Umgang mit Stress oder das Verhalten in bestimmten Gruppenkonstellationen.

■ *Gesellschaft*: Gesellschaftliche Veränderungen (z. B. Medienkonsum der Lernenden, Veränderung der sprachlichen Umgangsformen, Kommunikation in sozialen Netzwerken, Lernende mit Migrationshintergrund) und Veränderungen der Umwelt (z. B. Klimawandel, Umgang mit Müll, Umgang mit Trinkwasser, Verknappung der Ressourcen) wirken auf die Schule und den Unterricht ein. Auf diese Einflüsse muss im Unterricht eingegangen werden.

Nach Lutz Führer soll Unterricht eine Antwort auf die Multifrage finden: „Wer (Lehrer, Schüler) soll was (Erkennen, Handeln) mit wem (Organisationsformen) wie lange, wie intensiv und mit welcher Hilfe (Differenzierung) zu welchem Zweck und warum (Bildungs- oder Erziehungsziel) tun?" (Führer 2018, S. 13)

Ende der 90er-Jahre des letzten Jahrhunderts hat die Bund-Länder-Kommission für Bildungsplanung und Forschungsförderung (BLK) den Modellversuch „Steigerung der Effizienz des mathematisch-naturwissenschaftlichen Unterrichts" (SINUS) ins Leben gerufen. Inhaltliche Schwerpunkte des auf fünf Jahre angelegten Programms (1998–2003) waren: Weiterentwicklung der Aufgabenkultur, naturwissenschaftliches Arbeiten, aus Fehlern lernen, Sicherung von Basiswissen – verständnisvolles Lernen auf unterschiedlichen Niveaus, Zuwachs von Kompetenz erfahrbar machen – kumulatives Lernen, Fächergrenzen erfahrbar machen – fachübergreifendes und fächerverbindendes Arbeiten, Förderung von Mädchen und Jungen, Entwicklung von Aufgaben für die Kooperation von Schülern, Verantwortung für das eigene Lernen stärken, Prüfen – Erfassen und Rückmelden von Kompetenzzuwachs, Qualitätssicherung innerhalb der Schule und Entwicklung schulübergreifender Standards. Durch das schlechte Abschneiden der deutschen Schüler beim PISA-Test im Jahr 2000 wurden die Bemühungen um Entwicklungen und Veränderungen in den mathematisch-naturwissenschaftlichen Fächern verstärkt – auch in der Mathematikdidaktik. Viele der SINUS-Schwerpunkte sind heute Bestandteil des an Kompetenzen orientierten Fachunterrichts Mathematik (vgl. Abb. 3).

---

1. „Fachliche gehaltvolle Unterrichtsgestaltung

■ vielfältige Gelegenheiten zum Erwerb allgemein-mathematischer Kompetenzen

■ vertikale und horizontale Vernetzung mathematischer Themengebiete bzw. Leitideen

■ Systematisierung erworbener Kenntnisse

2. Kognitive Aktivierung der Lernenden

■ Stimulierung von Eigenaktivitäten, Selbstständigkeit und somit Eigenverantwortlichkeit der Lernenden

■ gezielte Reflexionen über mathematische Inhalte und Vorgehensweisen

3. Effektive und schülerorientierte Unterrichtsführung

■ klare Unterrichtsstrukturierung und effektive Zeitnutzung durch Störungsprävention

■ Methodenpluralismus in Verbindung mit einem Wechsel der Sozial- und Arbeitsformen

■ Differenzierung und Individualisierung

■ fehleroffenes Lernklima mit einer Trennung von Lernen und Beurteilen"

Abbildung 3: Qualitätskriterien für einen kompetenzorientierten Mathematikunterricht (Blum/Keller 2008, S. 139 f.)

Um die heutige Sicht auf den Mathematikunterricht zu verstehen, ist es wichtig, die Kriterien für einen kompetenzorientierten Mathematikunterricht und deren Zusammenhänge zu verstehen. Im Weiteren werden diese neun Kriterien erläutert:

Vielfältige Gelegenheiten zum Erwerb allgemein-mathematischer Kompetenzen

Die Schüler sollen am Ende der Sekundarstufe I über prozessbezogene Kompetenzen verfügen, diese sind: mathematisch argumentieren (K1), Probleme mathematisch lösen (K2), modellieren (K3), mathematische Darstellungen verwenden (K4), mit symbolischen, formalen und technischen Elementen der Mathematik umgehen können (K5) und nicht zuletzt kommunizieren (K6). Diese Kompetenzen sind nur durch Handlungen erlernbar, die der Lernende selbst ausführt. Dazu bedarf es im Unterricht immer wieder Gelegenheiten, die auf verschiedene Aspekte der Kompetenzen abzielen. Sie sollen helfen, die Kompetenzen aufbauend zu entwickeln, herausfordernde Aufgaben bzw. Arbeitsaufträge für die Anwendung der Kompetenzen bereitstellen und es den Schülern ermöglichen, ihre vorhandenen Kompetenzen zu erleben und ihre Kompetenzzuwächse auch über Reflexion zu erfahren.

Vertikale und horizontale Vernetzung mathematischer Themengebiete bzw. Leitideen

Die vertikale Vernetzung bedeutet, dass über die einzelnen Schuljahre hinweg mathematisches Wissen und Können strukturiert und systematisch innerhalb einzelner Gebiete aufgebaut wird. Dies beinhaltet, regelmäßig länger zurückliegende Inhalte – insbesondere Grundwissen – wieder aufzugreifen, um neue Inhalte in das vorhandene Wissensnetz zu integrieren (z. B. durch Mindmaps, Concept-Maps: Lern- oder

Begriffslandkarte) und wachzuhalten. Beispielsweise, indem vor der Bearbeitung einer neuen Aufgabe das benötigte Vorwissen aktiviert wird oder wöchentlich durch vermischte Kopfübungen. Es können aber auch in Klassenarbeiten Aufgaben vorhergehender Unterrichtseinheiten im Umfang von ca. 15 – 20 % der Bewertungseinheiten aufgenommen werden.

Die horizontale Vernetzung bezeichnet die Verschränkung des Wissens und Könnens zwischen den einzelnen Teilgebieten oder Leitideen der Mathematik, aber auch über die Fachgrenze hinweg mit anderen Fächern. Dies kann beispielsweise durch Reflexion der neu erworbenen Inhalte geschehen (Was genau hast du bei der Bearbeitung der Aufgabe gemacht? Welche mathematischen Methoden hast du bei der Bearbeitung der Aufgabe verwendet? Welche neuen Ideen, Begriffe oder Zusammenhänge hast du kennengelernt?).

Systematisierung erworbener Kenntnisse

Dies meint, neu erworbenes Wissen und Können und auch einzelne Kenntnisse systematisch einzuordnen und zu vernetzen, durch Verschriftlichung über das Neue nachzudenken, seine Beschreibung genauer zu fassen und damit das Neue in seinem eigenen Bestand zu festigen (konsolidieren).

Stimulierung von Eigenaktivitäten, Selbstständigkeit und somit Eigenverantwortlichkeit der Lernenden

Lernen ist ein individueller Prozess, der sich im Wesentlichen im Kopf abspielt. In Anlehnung an den Konstruktivismus muss ein Mensch, um verständiges Wissen aufzubauen, eigenaktiv die Zusammenhänge erforschen, erfahren und entdecken. Der Mensch konstruiert so seine Wirklichkeit aufgrund seiner Erfahrungen mit der Außenwelt und seiner Kommunikation mit den Mitmenschen. Lernen ist also eine Folge von Eigenaktivität. Die Selbstständigkeit von Schülern kann im Unterricht durch Stationenarbeit (z. B. Lernzirkel, Lerntheke) gefördert werden, die gekennzeichnet ist durch Arbeiten im eigenen Lerntempo bei unterschiedlichen Lernvoraussetzungen und ggf. durch Nutzung unterschiedlicher Zugänge. Die Vermittlung von metakognitiven Strategien (Planungs-, Kontroll- und Regulationshilfen im Lernprozess) und die Auseinandersetzung mit Selbstregulationsthemen (z. B. sich Ziele setzen und motivieren, mit Ablenkungen und Fehlern umgehen) fördert die Selbstständigkeit und Eigenverantwortlichkeit der Schüler. Selbstständigkeit kann auch durch Checklisten und Selbsteinschätzungsbögen in Lernphasen vor einer Klassenarbeit gefördert werden (vgl. Kapitel 3.3.2), da sie für Schüler Orientierung bieten und individuelle Lernwege eröffnen.

Gezielte Reflexion über mathematische Inhalte und Vorgehensweisen

Reflektieren ist eine Denktätigkeit und als prozessbezogene Kompetenz dem Anforderungsbereich III zugeordnet. Ein Schüler soll beispielsweise im Rahmen einer Aufgabenbearbeitung das von ihm verwendete mathematische Modell (z. B. Dreisatz, Urnenmodell: Ziehen mit/ohne Zurücklegen) reflektieren. Dabei ist die Frage nach den Grenzen des Modells zu beantworten (z. B. gilt der Dreisatz nur für zwei Größen, die sich proportional oder antiproportional zueinander verhalten) oder die Aussagekraft des gewonnenen Ergebnisses bezogen auf die Sachsituation zu beurteilen. Als Teil der Aufgabenstellung kann auch das gewählte Vorgehen beim Lösen der Aufgabe reflektiert werden. Mögliche Fragen wären: Gibt es andere Lösungswege oder -verfahren? In welchen Fällen kann das gewählte Lösungsverfahren noch angewendet werden?

Klare Unterrichtsstrukturierung und effektive Zeitnutzung durch Störungsprävention

Nach Hilbert Meyer (2004, S. 26) ist Unterricht „klar strukturiert, wenn das Unterrichtsmanagement funktioniert und wenn sich ein für Lehrer und Schüler gleichermaßen gut erkennbarer ‚roter Faden' durch die Stunde zieht". Gemeint sind die Klarheit der Prozesse, Ziele, Inhalte und Rollen im Unterricht sowie abgesprochene Regeln, Rituale und Freiräume. Meyer gibt Indikatoren an, d. h., Klarheit ist beobachtbar (2004, S. 30):

- „in der verständlichen Lehrer- und Schülersprache;
- in der klaren Definition der Rollen der Beteiligten;
- in der Konsequenz, mit der sich der Lehrer an die eigenen Ankündigungen hält;
- in der Klarheit der Aufgabenstellung;
- in der deutlichen Markierung der einzelnen Unterrichtsschritte;

■ in der klaren Unterscheidung von lehreraktiven und schüleraktiven Unterrichtsphasen;

■ in der geschickten Rhythmisierung des Unterrichtsablaufs und Einhalten von Pausen;

■ am Einhalten von Regeln und Einsatz von Ritualen;

■ in einer zum Ziel, zum Inhalt und zu den Methoden passenden Raumregie."

Effektive Zeitnutzung bedeutet, den Anteil der echten Lernzeit für die Schüler zu erhöhen. Hierzu gehören die Vermeidung von Störungen und eine effektive Klassenführung. Nach Kounin (1976, 2006) gibt es vier zentrale Merkmalsbereiche:

1. *Allgegenwärtigkeit und Überlappung*

Allgegenwärtigkeit beschreibt die Fähigkeit der Lehrkraft, den Schülern zu vermitteln, über die Situation und das Geschehen im Klassenraum immer informiert und in der Lage zu sein, wenn nötig, einzuschreiten. Geschehen kann dies durch nonverbale (z. B. Blicke, Gesten, Mimik, auf Störer zugehen, Position im Klassenraum verändern) und verbale – kurze, knappe, aber freundliche – Signale.

Überlappung meint die Fähigkeit der Lehrkraft, bei gleichzeitig auftretenden Problemen die Aufmerksamkeit gleichzeitig auf mehrere Dinge richten zu können.

2. *Reibungslosigkeit und Schwung*

Reibungslosigkeit und Schwung beschreiben die Fähigkeit einer Lehrkraft, für einen flüssigen Unterrichtsverlauf, auch bei Phasenwechsel oder in einer Übergangssituation, zu sorgen. Eine gute Organisation im Vorfeld (z. B. Klassendienste hängen an der Wand aus; Hausaufgabenliste an der Wand: wer seine Hausaufgabe nicht gemacht hat, trägt dies dort ein), das Ignorieren oder nebenbei nonverbale Beenden von Störungen und das Vermeiden von eigenen Störungen (Störung durch die Lehrkraft) sorgen für einen flüssigen Unterrichtsverlauf.

3. *Gruppenmobilisierung*

Gruppenmobilisierung meint die Fähigkeit einer Lehrkraft, trotz der Fokussierung auf die ganze Gruppe (z. B. bei der Erzeugung von Spannung und Aufmerksamkeit) den einzelnen Schüler im Auge zu behalten.

4. *Abwechslung und Herausforderung*

Abwechslung und Herausforderung beschreiben die Fähigkeit der Lehrkraft, Lernaktivitäten so zu gestalten, dass sie von den Schülern als spannend und abwechslungsreich empfunden werden.

Methodenpluralismus in Verbindung mit einem Wechsel der Sozial- und Arbeitsformen

Hierbei geht es um den angemessenen Einsatz von Methoden mit dem Ziel, die geistige Aktivität möglichst vieler Schüler zu erhöhen. Unterschieden werden Sozialformen, Arbeitsformen (Methoden) und Verlaufsformen des Unterrichts.

Die Sozialformen regeln die Beziehungsstruktur des Unterrichts, dabei wird die Frage beantwortet: Wer arbeitet mit wem zusammen? Es gibt vier Formen: Einzel-, Partner-, Gruppenarbeit und Unterrichtsgespräch. Innerhalb der Sozialform gibt es mehrere mögliche Arbeitsformen (Methoden). Beispielsweise gehören zum Unterrichtsgespräch die Methoden Lehrervortrag, Schülervortrag, fragend-entwickelnder Unterricht und Unterrichtsgespräch. Die Verlaufsform regelt den zeitlichen Ablauf des Unterrichts. Die Abfolge Einstieg, Erarbeitung und Ergebnissicherung ist die allgemeine Grundform, auf die sich viele Verlaufsformen zurückführen lassen.

Der Einsatz von Methoden darf nicht zum Selbstzweck werden, denn sonst sind die Schüler nur mit der Durchführung der Methode beschäftigt und kommen nicht zum inhaltlichen Arbeiten. Alle methodischen Entscheidungen sind in Abhängigkeit der Unterrichtsziele und -inhalte zu treffen. Weiter muss die gewählte Methode den Schülern und der Lehrkraft liegen. In der Praxis reicht dann eher eine kleine Anzahl von Methoden aus (vgl. Kapitel 4). Für den Mathematikunterricht eignen sich:

■ etwas aufwendigere Methoden: Gruppenpuzzle, Sammeln – Ordnen – Strukturieren, Mindmap, Cluster, Portfolio, Stationenzirkel

■ universale Methoden: Partnerpuzzle, Ich – Du – Wir, Mathequiz, Placemat, Schreibgespräch, Tandemübung,

■ Methoden zur Festigung von Begriffen: Steckbrief, Was bin ich?

Differenzierung und Individualisierung

Differenzierung im Unterricht wird als innere Differenzierung oder Binnendifferenzierung bezeichnet, im Gegensatz zur äußeren Differenzierung, die Schüler nach Schulformen, fachspezifischen Leistungsgruppen oder nach Wahlpflichtfächern aufteilt. Differenzierung ist eine Reaktion auf die Heterogenität der Lerngruppe und bedeutet nach Paradies und Linser „die Unterscheidung, Verfeinerung, Abstufung und Aufteilung der Lerninhalte" (2010, S. 10). Insofern zielt die innere Differenzierung auf mehrere Lernende. Die Individualisierung zielt auf den einzelnen Lernenden und macht für diesen ein Angebot.

Paradies und Linser unterscheiden bei der inneren Differenzierung nach schulorganisatorischen Formen und nach didaktischen Formen, die nach Lernstilen, -tempo, -bereitschaft oder -interessen differenzieren (vgl. Paradies/Linser 2010, S. 26–28):

1. *Differenzierung nach Organisation und Zufall*: Nebeneinandersitzende Schüler arbeiten zusammen, nach einem Abzählprinzip werden Gruppen gebildet, nach dem Zufallsprinzip erfolgt die Gruppenbildung durch das Ziehen von Karten (z. B. aus einem Skatspiel), es werden Freundschaftsgruppen gebildet.

2. *Differenzierung nach Lernvoraussetzung*: Es werden weitgehend gleich große heterogene bzw. homogene Kleingruppen gebildet, es werden interessensbezogene Gruppen gebildet oder es findet eine sozialisations- und integrationsbezogene Gruppenbildung (z. B. geschlechtsspezifische, multikulturelle Gruppenbildung) statt.

3. *Differenzierung nach Sozialform*: gemeinsames Arbeiten im Unterrichtsgespräch, in Kleingruppen, in Partner- oder als Einzelarbeit

4. *Differenzierung nach Unterrichtsmethoden und -medien*: Gruppenbildung durch Benutzung unterschiedlicher Lernstrategien, Erarbeitungstechniken, Präsentationsformen, Materialien oder Medien

5. *Differenzierung nach Unterrichtsinhalten*: Gruppenbildung durch inhaltliche Schwerpunktsetzung bei gleichem oder unterschiedlichem Unterrichtsinhalt, Gruppenbildung durch die Aufgabenstellung

6. *Differenzierung nach Zielen*: Verschiedene Lerngruppen arbeiten auf unterschiedliche Schulabschlüsse hin (zieldifferentes Unterrichten), Gruppenbildung aufgrund ähnlicher Schwierigkeiten oder gezielter Förderung (Lese-/Rechen-, Begabtenförderung), leistungsheterogene Gruppenbildung durch sprachliche/soziale Integration von Migranten, leistungshomogene Gruppenbildung durch Integration von Behinderten.

Bei der offenen Differenzierung (Synonyme: natürliche Differenzierung, Selbstdifferenzierung) setzen die Lernenden ihre Ziele selbst und entwickeln ihren Lernweg eigenständig (z. B. Wochenplanarbeit, Arbeit am Selbsteinschätzungsbogen, Aufgabenangebot einer Lerntheke). Schwierigkeiten entstehen, wenn Lernende nicht auf ihrem Niveau arbeiten. Lernschwache Schüler oder Lernende mit einer niedrigen Frustrationstoleranz bearbeiten mit Vorliebe Aufgaben, die sie können, und gehen den anderen aus dem Weg.
Bei einer geschlossenen Differenzierung werden Wege und Ziele vorgegeben. Dies können mit einer kurzfristigen Perspektive einzelne Aufgaben und niveaudifferenzierte Aufgabenblätter sein oder mit einer längerfristigen Perspektive Arbeitspläne (z. B. Wochenpläne, Stationenzirkel mit Pflichtstationen).

Aufgaben spielen im Mathematikunterricht eine besondere Rolle, auch sie können zur Differenzierung genutzt werden (vgl. auch Paradies/Linser 2010, S. 29):

■ Leistungsdifferenzierung (Schwierigkeitsgrad): Aufgaben mit gestuften Anforderungsniveaus, z. B. Sternchenaufgaben, Blütenaufgaben

■ Interessen- und Wahldifferenzierung (Informationsfülle, Abstraktion, Komplexität): Parallele Aufgaben, z. B. „Bearbeite mindestens zwei der acht Aufgaben", „Suche dir aus den zwölf Aufgaben zwei Aufgaben heraus, die du sicher kannst, und zwei, die du vermutlich lösen kannst"

■ Selbstdifferenzierung (verschiedene Abstraktionsniveaus, Zugänge, Lösungswege, Lösungstiefen): z. B. Blütenaufgabe, „Konstruiere ein beliebiges Dreieck ABC mit seinem Inkreis – Beschreibe, wie du vorgehst"

Fehleroffenes Lernklima mit einer Trennung von Lernen und Beurteilen

Ein fehleroffenes Lernklima bedeutet, Fehler als Teil des Entwicklungsprozesses zu akzeptieren und zuzulassen. Auftretende Fehler werden hierbei als willkommener Lernanlass verstanden, um Fehlerkompetenz zu entwickeln, also gewichtige Fehler zu erkennen und Strategien zur Vermeidung zu entwickeln.

Wenn beispielsweise ein Schüler eine Rechnung oder einen Lösungsweg an die Tafel geschrieben hat, kann dieser im nächsten Schritt Zeile für Zeile durchgegangen werden. Fehler sind jetzt Anlass zu beschreiben, was falsch ist, und zu begründen, weswegen es falsch ist und wie es richtig lauten müsste. Nach den ersten Stunden einer neuen Unterrichtseinheit kann ein Lernprotokoll (vgl. Kapitel 4.1.8) zur Feststellung des aktuellen Verstehensniveaus eingesetzt werden. Neben der Erläuterung des Einstiegsbeispiels und dem Lösen von Grundaufgaben benennen die Lernenden auch typische Fehler.

Zur Aufarbeitung der in einer Klassenarbeit aufgetretenen Fehler erhalten die Lernenden nach der Klassenarbeit anonymisierte typische Schülerlösungen mit dem Arbeitsauftrag: Finde den Fehler, beschreibe ihn und formuliere einen Tipp, wie der Fehler zukünftig vermieden werden kann.

Trennung von Lernen und Beurteilen meint, den Prozess des Lernens und seine formativen Lernstandsfeststellungen zur Lernprozessoptimierung zeitlich und für die Lernenden deutlich von den Leistungsbeurteilungen, die mit der Notengebung verbunden sind, zu trennen.

2.3 Aufgabenformate

Die im Mathematikunterricht eingesetzten Aufgaben können relativ leicht abgeändert oder konstruiert werden, hierbei hilft die von Bruder vorgelegte Kategorisierung von Aufgaben (siehe Abb. 4), die nach den Komponenten *Start*, *Weg* und *Ziel* unterschieden werden. Mit *Start* sind die Voraussetzungen, gegebenen Größen oder Informationen zur Situation gemeint. Die Komponente *Weg* steht für die zur Bearbeitung genutzte Methode, für den Lösungsweg oder das genutzte mathematische Modell. Mit dem *Ziel* sind das Ergebnis, die Lösung oder Schlussfolgerung gemeint. Das „x" in der Tabelle gibt an, dass diese Komponente vollständig bekannt ist, das „-" gibt an, dass diese Komponente völlig unbekannt ist.

In vielen Schulbüchern finden sich zu Beginn eines Kapitels *Beispielaufgaben* (xxx), die den neuen Inhalt oder das neue Verfahren veranschaulichen (vgl. Beispiel 7). Es schließen sich dann in der Regel *geschlossenen Aufgaben* (xx-) an (vgl. Beispiel 8), mit denen der neue Inhalt bzw. das neue Verfahren geübt werden sollen.

Aufgabentyp	Start gegebene Informationen, Situation	Weg Methode, Verfahren	Ziel Ergebnis, Lösung
Beispielaufgabe (Musteraufgabe, gelöste Aufgabe, Aufgabe zur Fehlersuche)	x	x	x
geschlossenen Aufgabe (Grundaufgabe, einfache Bestimmungsaufgabe)	x	x	–
Begründungsaufgabe (Beweisaufgabe)	x	–	x
Problemaufgabe (schwere Bestimmungsaufgabe, Teil einer gestuften Aufgabe)	x	–	–
offene Situation (Problemsituation mit einem offenen Ausgang)	–	–	–
Umkehraufgabe	–	x	x
Problemumkehr (schwierige Umkehraufgabe, Modellierungsproblem mit Zielvorgabe)	–	–	x
Anwendungssuche (Aufforderung, eine Aufgabe zu einem gegebenen mathematischen Werkzeug zu finden)	–	x	–

Abbildung 4: Zentrale Aufgabentypen (vgl. Bruder 2003, S. 15, auch Büchter/Leuders 2005, S. 93)

Beispiel 7: Beispielaufgabe (x x x)
Aufgabe 14[7]

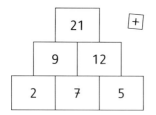

Information zur Zahlenmauer

In jedem Feld steht das Ergebnis der Verknüpfung der beiden darunterstehenden Zahlen. Die Verknüpfung kann wie hier oben rechts angegeben werden. Steht dort ein „?", so kann die Verknüpfung frei gewählt werden. Der oberste Stein heißt Deckstein. In der untersten Reihe befinden sich die Steine der Grundreihe.

Aufgabe 15[8]

Schreibe die Zahlen 70, 14, 132, 25 und 23 als Produkt mit möglichst vielen Faktoren. Lasse den Faktor 1 dabei weg. Vergleiche die Produkte. Welche Besonderheiten kannst du entdecken?

Mögliche Lösung

$70 = 7 \cdot 10$ $14 = 2 \cdot 7$ $132 = 4 \cdot 33$ $25 = 5 \cdot 5$

$= 7 \cdot 2 \cdot 5$ $= 2 \cdot 2 \cdot 3 \cdot 11$ $23 =$

Wie auch immer du die Zerlegung beginnst, stets erhältst du dieselben Faktoren, höchstens in anderer Reihenfolge, z. B.:

$70 = 7 \cdot 10 = 7 \cdot 2 \cdot 5$ $70 = 2 \, S \, 35 = 2 \cdot 5 \cdot 7$ $70 = 5 \cdot 14 = 5 \cdot 2 \cdot 7$

Beispiel 8: Geschlossene Aufgabe (x x –)
Aufgabe 16[9]

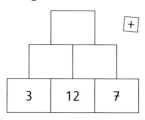

Aufgabe 17 (Diese Aufgabe könnte sich an Aufgabe 15 anschließen.)

Schreibe die Zahlen als Produkt von Primzahlen.
a) 12   b) 35   c) 32   d) 90   e) 102   f) 143

Die Begründungs- und Problemaufgaben sowie offene Situationen gehören zu den authentischen Aufgaben, die auch eher in der Wirklichkeit zu finden sind. Der Lösungsweg, das Ergebnis oder sogar die Ausgangssituation sind nicht vollständig bekannt. *Begründungsaufgaben (x-x)* sind Aufgaben (vgl. Beispiel 9), bei denen ein Beweis zu führen ist, Argumentationen oder Stellungnahmen zu geben sind oder Lösungswege beschrieben werden. Ist für eine Schülerin bzw. einen Schüler zum Lösen einer Aufgabe kein explizites Lösungsverfahren bekannt, so handelt es sich um eine *Problemaufgabe (x--)* (vgl. Beispiel 10). Zu ihrer Lösung werden in der Regel heuristische Hilfsmittel, Strategien oder Prinzipien genutzt (vgl. Kapitel 1.2.2), um Impulse für den Lösungsweg zu erhalten. Eine Aufgabe kann ohne Vorkenntnisse der Lernenden für diese zu einer Problemaufgabe werden, die auch durch Ausprobieren gelöst werden kann. Beispiel: Es treffen sich vier Personen. Wie oft werden Hände geschüttelt?
Bei *offenen Situationen (---)* sind die Anfangs- und Endsituation sowie der Weg nicht vollständig bekannt (vgl. Beispiel 11).

---

[7] In Anlehnung an Büchter/Leuders 2005, S. 94.

[8] Mathematik heute 5, NRW, Braunschweig: Schroedel, S. 95.

[9] In Anlehnung an Büchter/Leuders 2005, S. 94.

Beispiel 9: Begründungsaufgabe (x – x)
Aufgabe 18[10]

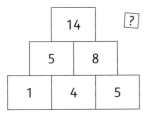

Aufgabe 19

Begründe, weswegen die Innenwinkelsumme im Dreieck immer 180° beträgt.

Aufgabe 20

Max hat den Term $8a^2 + 6ab$ umgeformt und gibt hierfür die Terme $a \cdot (8a + 6b)$ und $2 \cdot (4a^2 + 3ab)$ an. Begründe, weswegen die beiden Terme gleichwertig sind.

Beispiel 10: Problemaufgabe (x – –)
Aufgabe 21[11]

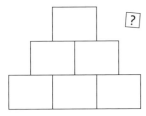

Verwende beim Ausfüllen der Zahlenmauer möglichst viele ungerade Zahlen.

Aufgabe 22

Berechne den Term: $2 + 1\frac{1}{2} + \frac{2}{3}$.

Beispiel 11: Offene Situation (– – –)
Aufgabe 23[12]

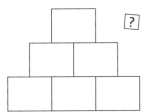

Wie können die Mauersteine noch gefüllt werden? Welche mathematischen Verknüpfungen können noch gewählt werden?

---

[10] In Anlehnung an Büchter/Leuders 2005, S. 94.

[11] In Anlehnung an Büchter/Leuders 2005, S. 94.

[12] In Anlehnung an Büchter/Leuders 2005, S. 94.

Aufgabe 24

Beschreibe einen Fehler, der beim Addieren von zwei großen Zahlen auftreten kann.

a) Denke dir hierzu eine Aufgabe aus, die du einmal richtig und einmal falsch löst.

b) Erkläre den Fehler schriftlich so, dass ein Mitschüler ihn versteht.

Bei einer *Umkehraufgabe (-xx)*, *Problemumkehr (--x)* und *Anwendungssuche (-x-)* ist die Anfangssituation unbekannt. Diese Aufgaben entstehen aus geschlossenen Aufgaben durch Umkehr der Fragerichtung, d. h., die Endsituation und/oder der Weg sind bekannt und eine mögliche Anfangssituation ist gesucht. Die Lernenden durchlaufen beim Lösen solcher Aufgaben die Verfahren in entgegengesetzter Richtung und erarbeiten sich ein tieferes Verständnis. Bei Umkehraufgaben (vgl. Beispiel 12) ist nur die Anfangssituation offen. Ausgehend vom bekannten Ergebnis wird das bekannte Verfahren rückwärts durchlaufen. Bei der Problemumkehr (vgl. Beispiel 13) ist nur die Endsituation bekannt, beim Auffinden der Anfangssituation können heuristische Hilfsmittel, Strategien oder Prinzipien helfen. Bei der Anwendungssuche (vgl. Beispiel 14) ist nur der Weg, d. h. die Methode bzw. das Verfahren bekannt.

Beispiel 12: Umkehraufgabe (– x x)
Aufgabe 25[13]

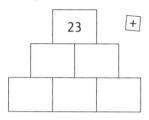

Aufgabe 26

Gib mehrere quadratische Gleichungen mit den Lösungen – 2 und + 5 an.

Beispiel 13: Problemumkehr (– – x)
Aufgabe 27[14]

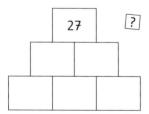

Aufgabe 28

Eine viereckige Fläche soll einen Flächeninhalt von einem Quadratmeter haben. Gib mögliche Längen und Breiten an.

---

[13] In Anlehnung an Büchter/Leuders 2005, S. 94.

[14] In Anlehnung an Büchter/Leuders 2005, S. 94.

Beispiel 14: Anwendungssuche (– x –)

Aufgabe 29[15]

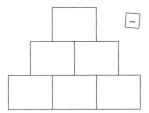

Aufgabe 30

Denke dir eine Textaufgabe aus, bei der die Zahlen 12,5 und 4 multipliziert werden, und löse die Aufgabe schriftlich.

2.4 Weiterführende Literatur und Internetadressen

Weitere Beispielaufgaben zu den prozessbezogenen allgemeinen mathematischen Kompetenzen finden Sie bei Blum u. a. (2006, S. 36 – 50).

Eine umfangreiche Aufgabensammlung für Lernaufgaben aus der Sekundarstufe I und deren Einordnung in das Kompetenzmodell des Instituts zur Qualitätsentwicklung im Bildungswesen finden Sie auf der Internetseite des IQB (www.iqb.hu-berlin.de) unter Bildungsstandards, Unterricht in der Sekundarstufe I, Lernaufgaben Mathematik. Ebenfalls auf der Internetseite des IQB finden Sie eine umfangreiche Sammlung von Testaufgaben unter Vera, Beispielaufgaben, Mathematik Sek I.

Bildschätzaufgaben zum Modellieren wie in Aufgabe 6 finden Sie bei Maitzen (2018a). Anhand von speziellen Fotos kann die Größe von realen Objekten abgeschätzt werden.

Aufgaben zum Modellieren, Problemlösen und Argumentieren, also typische Fermi-Aufgaben finden Sie in der Fermi-Box für die Klassen 5 – 7 bei Büchter u. a. (2007) und für die Klassen 8 – 10 bei Büchter u. a. (2011). Fermi-Aufgaben sind Aufgaben, die sich auf Phänomene des Alltags beziehen und deswegen für Schüler gut zugänglich sind.

---

[15] In Anlehnung an Büchter/Leuders 2005, S. 94.

3 Unterricht planen und durchführen

In diesem Kapitel werden die einzelnen Schritte der Unterrichtsplanung als Ganzes (siehe Abb. 5) in Anlehnung an Sturm (2016, S. 14–22 und S. 26–33) vorgestellt. Nach ihr kann eine Unterrichtseinheit (ca. 10–16 Unterrichtsstunden), Unterrichtssequenz (einige Unterrichtsstunden) oder eine einzelne Unterrichtsstunde geplant werden. Diese Planung ist im Vergleich zu der in der zweiten Phase der Lehrkräfteausbildung – dem Referendariat – im Wesentlichen um die Bedingungsanalyse, die didaktische Analyse und Reduktion sowie der Kompetenzanalyse gekürzt (vgl. Kratz 2011, S. 128–131).

Zu den einzelnen Planungsschritten werden zur Orientierung Fragen formuliert, von denen möglichst viele möglichst umfangreich beantwortet werden sollten, um eine möglichst vollständige Unterrichtsplanung zu erstellen. Die Fragen stellen nur eine Auswahl dar und erheben keinen Anspruch auf Vollständigkeit.

In vielen Fällen orientiert sich die Unterrichtsplanung beispielsweise beim Aufgabenniveau, Arbeitstempo, bei typischen Schwierigkeiten und bei der zu erwartenden Schülernotation an einem sogenannten durchschnittlichen Lernenden. Gemeint ist ein fiktiver Schüler, der in etwa im mittleren Leistungsbereich (Ziffernnote 3) eingeordnet werden kann. Diese Vereinfachung wird gewählt, um eine grobe Einschätzung bei der Planung zu erhalten. Leistungsstärkere oder -schwächere Schüler können ein entsprechend höheres oder niedrigeres Aufgabenniveau bearbeiten, benötigen weniger oder mehr Zeit zur Aufgabenbearbeitung und haben anders gelagerte Schwierigkeiten bei der Aufgabenbearbeitung.

Lernausgangslage und Lernbedingungen analysieren
↓
Was: Die Unterrichtsinhalte auswählen
Schulisches Fachcurriculum ↔ Länderspezifisches Curriculum
↓
Die didaktische Reduktion
↓
Konkrete Lernziele und Kompetenzanbahnung:
Was genau sollen die Schüler heute lernen?
↓
Wie: Die Handlungsstruktur für den Unterricht festlegen
Aufgabenanalyse (Inhalt) ↔ Methoden- und Sozialformauswahl ↔ Medienauswahl

Abbildung 5: Schritte der Unterrichtsplanung in Anlehnung an Sturm 2016, S. 14

3.1 Unterrichtsplanung Schritt für Schritt

Im Folgenden werden die einzelnen Schritte der Unterrichtsplanung ausführlich dargestellt. Die Orientierungsfragen in diesem Kapitel finden Sie zusammengestellt auch im Anhang (siehe S. 90 ff.).

3.1.1 Lernausgangslage und Lernbedingungen analysieren

Um zu erfahren, an welchen Wissens- und Könnensständen der Lernenden im Unterricht angeknüpft und wie mit den räumlichen sowie medialen Bedingungen im Klassenraum gearbeitet werden kann, müssen die Lernausgangslage und die Lernbedingungen analysiert werden. Die folgenden Orientierungsfragen helfen, Klarheit zu schaffen (vgl. auch Sturm 2016, S. 15 f.).

a) Orientierungsfragen zur fachlichen Ausgangslage:
- Welche Voraussetzungen (Sprachkompetenz, Frustrationstoleranz, Konzentrationsfähigkeit, Selbstständigkeit, Heftführung etc.) und welche Kenntnisse (Rechenverfahren, Umgang mit dem Geodreieck, Fachbegriffe, Achsenskalierung und Beschriftung von Diagrammen etc.) bringen die Lernenden mit?

- Welche Kenntnisse, Fähigkeiten und Fertigkeiten sollen die Lernenden in der kommenden Unterrichtseinheit/-sequenz lernen und erarbeiten?
- Welche Kenntnisse, Fähigkeiten und Fertigkeiten benötigen die Lernenden als Voraussetzung für die kommende Unterrichtseinheit?
- Welche sprachlichen oder fachsprachlichen Hürden und Probleme sind zu erwarten?
- Wie viel Zeit benötigen die Lernenden in etwa für die Bearbeitung einer Aufgabe?
- Wie genau sieht die Schülernotation bei dem Rechenverfahren, Lösungsweg, ... aus?
- Welche Probleme oder Fehler sind in den vorhergehenden Unterrichtsstunden aufgetreten? Worauf sollte nochmals eingegangen werden?
- Welche Lernhilfen oder Unterstützungssysteme sind den Lernenden bekannt und welche funktionieren in der Lerngruppe?

b) Orientierungsfragen zu weiteren Lernbedingungen:

- Wie viele Mädchen und Jungen befinden sich in der Klasse?
- Führen die Lernenden für den Unterricht ein Heft und/oder eine Mappe?
- Wo und wie werden Arbeitsblätter abgeheftet?
- In welchen Arbeits- und Sozialformen können die Lernenden erfolgreich arbeiten und lernen? Gibt es Lernpartnerschaften?
- In welchen methodischen Arrangements können die Lernenden erfolgreich und produktiv arbeiten?
- Welche Lernenden sind leistungsstark bzw. -schwach?
- Welche Lernenden lenken sich und andere ab?
- Welche Lernenden können störungsfrei und erfolgreich nebeneinandersitzen?
- Wie unterstützen sich die Lernenden gegenseitig?
- Wie schnell schreiben die Lernenden Texte oder Rechnungen von der Tafel und aus dem Buch ab?

c) Orientierungsfragen zu den örtlichen und räumlichen Lernbedingungen:

- Wie ist der Unterrichtsraum und seine Ausstattung (Größe, Lage, Lichtverhältnisse, Sonneneinstrahlung, Lärmpegel im Raum, Verdunklungsmöglichkeit, Anordnung und Anzahl der Tische und Stühle, Anzahl der Schränke und Regale etc.)?
- Wie können die Tische und Stühle für bestimmte Methoden angeordnet werden?
- Welche Medien (Tafel, OHP, Beamer, Internetzugang, Computer, Dokumentenkamera, Zeichengeräte für Konstruktionen an der Tafel etc.) sind im Unterrichtsraum vorhanden?
- Gibt es für den Unterricht nutzbare Nebenräume oder kann der Flur genutzt werden?
- Gibt es eine Mathewerkstatt mit für die Lernenden nutzbaren Lehr- und Lernmaterialien?
- Wie kann das Schulgebäude, Schulgelände und die Umgebung zum Mathematiklernen genutzt werden?
- Gibt es eine mathematische Sammlung mit Lehr- und Lernmaterialien (Anschauungsobjekte, Holzklötze, geometrische Körper, Geobretter, Arbeitshefte, Schulbücher etc.)?
- Gibt es einen PC-Raum (Anzahl der PCs und Sitzplätze)? Welche Mathematikprogramme sind auf den PCs installiert?

TIPP Schüler der Klassen 5 und 6 schreiben sehr langsam. Reservieren Sie für das Abschreiben von Aufgaben und Texten von der Tafel oder aus dem Schulbuch und das Anfertigen von Koordinatensystemen inklusive Achsenbeschriftung entsprechend viel Zeit. Achten Sie darauf, dass das Abschreiben möglichst in Stillarbeit erfolgt, da sich durch Ablenkungen (z. B. Unterhaltungen mit dem Nachbarn; schauen, was die Mitschüler in der hinteren Bankreihe machen) bei den Lernenden leicht Fehler einschleichen. Gehen Sie durch die Bankreihen und überzeugen Sie sich, was die Lernenden wie abschreiben und wie weit sie sind. Geben Sie den Lernenden an der einen oder anderen Stelle ggf. Tipps und Hinweise.

3.1.2 Was? Den Unterrichtsinhalt auswählen

Die länderspezifischen Curricula, Rahmenpläne bzw. Kernlehrpläne geben für das jeweilige Bundesland in der Regel für jede Jahrgangsstufe die zu behandelnden fachlichen Inhalte und zu vermittelnden Kompetenzen verbindlich vor. An diesen Plänen haben sich die schulischen Fachcurricula zu orientieren. Die Abfolge der Unterrichtseinheiten innerhalb einer Jahrgangsstufe legt die jeweilige Fachkonferenz fest. Mit einem Blick in das schulische Fachcurriculum und in das gut geführte Klassenbuch sollte grob klar sein, wo die Lerngruppe inhaltlich in etwa steht. Für eine nachfolgende Unterrichtsstunde ist im ersten Schritt die Frage zu beantworten, was in der oder in den vorhergehenden Stunden behandelt wurde.

Für Quereinsteiger mit einer mathematischen Vorbildung erscheint die schulische Mathematik in der Regel nicht kompliziert. Dies ist der Blick desjenigen auf die Mathematik, der die Mathematik schon verstanden hat (Experte). Die Lernenden schauen mit dem Blick desjenigen auf die Mathematik, der sie noch nicht verstanden oder durchdrungen hat (Novize). Dies ist eine andere Perspektive, aus der sich unterschiedliche Schwierigkeiten und Probleme ergeben, die nicht immer im Voraus bedacht werden können. Viele Schwierigkeiten entstehen durch Fehlvorstellungen (z. B. eine Variable kann nur einen Wert annehmen, das Minuszeichen stellt immer eine Subtraktion dar, die Subtraktion ist kommutativ). Deswegen ist es wichtig, tragfähige Grundvorstellungen zu vermitteln und ein fehleroffenes Lernklima zu pflegen. Eine Strategie zum Umgang mit Fehlvorstellungen ist das Lernen mit korrekten und auch fehlerhaften Lösungsbeispielen, wobei die Lernenden über die Lösungen reflektieren.

Orientierungsfragen zur Auswahl des Unterrichtsinhaltes (vgl. auch Sturm 2016, S. 16):

- An welchen Beispielen lässt sich der Unterrichtsgegenstand wie erarbeiten und wie erklären?
- Welche Erklärungen sind für die Lernenden zugänglich? Welche Schwierigkeiten können aus der Sicht der Lernenden auftreten?
- Beherrsche ich das mathematische Wissen und die mathematischen Fertigkeiten und Fähigkeiten bezogen auf den Unterrichtsgegenstand so, dass ich während des Unterrichts über die Mathematik möglichst nicht nachdenken muss?
- Kann ich in der Situation auf Nachfragen und tiefergehende Fragen der Lernenden fachlich richtig und kompetent eingehen?
- Welche Bezüge hat der Unterrichtsgegenstand inner- und außermathematisch?
- Welche Relevanz hat der Unterrichtsgegenstand für die Lernenden im Alltag oder im zukünftigen Berufsalltag?
- Was sind typische Schülerfehler (Notation, Grundvorstellung, Denk- oder Flüchtigkeitsfehler etc.) bei diesem Unterrichtsgegenstand?
- Was sind mögliche Hilfen, um die auftretenden Schwierigkeiten zu überwinden?

TIPP Während des Unterrichts richten Sie Ihre Aufmerksamkeit im Sinne der Allgegenwärtigkeit auf verschiedene Aspekte: auf den zeitlich-strukturellen Unterrichtsablauf, das inhaltliche Voranschreiten, das Schülerverhalten und die Beziehungsebene. Um dies möglichst ressourcenschonend tun zu können, sollten Sie sich durch eine gute Unterrichtsplanung bezogen auf den Unterrichtsablauf und das inhaltliche Voranschreiten, durch Rituale und Verhaltensregeln bezogen auf das Schülerverhalten und durch eine angemessene Kommunikation und ein angemessenes Verhalten bezogen auf die Beziehungsebene entlasten.

TIPP Schüler sind Experten des schulischen Lernens. Am Ende der fünften Klasse haben Lernende etwa 4 400 und am Ende der achten Klasse etwa 8 000 Unterrichtsstunden bei verschiedenen Lehrkräften erlebt. Schüler sind mitverantwortlich für ihr Lernen und ihren persönlichen Lernerfolg. Übernehmen Sie im laufenden Schuljahr oder zu Beginn des zweiten Halbjahres eine Lerngruppe, so lassen Sie sich von den Schülern erklären und vorführen, woran sie in den letzten Wochen wie gearbeitet haben. Lassen Sie sich beschreiben, welche Schwierigkeiten und Probleme aufgetreten sind und wie diese bearbeitet bzw. behoben wurden. Welche Methoden, Rituale oder Vorgehensweisen Sie übernehmen oder fortführen, entscheiden Sie.

3.1.3 Die didaktische Reduktion

In der zweiten Phase der Lehrkräfteausbildung würde an dieser Stelle von den Referendaren auf der Grundlage der Analyse der Lernausgangslage und Bedingungen sowie der didaktischen Sachanalyse die begründete didaktische Reduktion des Lerngegenstandes auf die konkrete Lerngruppe verlangt werden. Wir überspringen diesen Punkt, da hier eine Reihe von Kenntnissen nötig sind, über die ein Quereinsteiger oder Anfänger in der Regel noch nicht verfügt, und kommen zu den konkreten Lernzielen.

3.1.4 Konkrete Lernziele und Kompetenzanbahnung: Was genau sollen die Schüler heute lernen?

Ein möglichst konkret formuliertes Lernziel für eine Unterrichtsstunde ermöglicht, am Ende der Stunde zu überprüfen, ob das Lernziel erreicht wurde. Nach Meyer ist ein Lernziel eine sprachlich artikulierte Vorstellung über die durch Unterricht zu bewirkende gewünschte Verhaltensänderung (1993, S. 137). Ein Lernziel ist kontrollierbar und beobachtbar, wenn der Lernende das anvisierte gewünschte Verhalten zeigt. Typische Lernzielformulierungen sind beispielsweise:

- Die Schüler können natürliche Zahlen in ein Produkt aus Primzahlen zerlegen.
- Die Schüler können die Eigenschaften achsensymmetrischer Figuren exemplarisch am Rechteck und gleichseitigen Dreieck angeben.
- Die Schüler können die Addition von Brüchen mithilfe von Bruchbildern veranschaulichen.

In Abgrenzung zu einem Lernziel kann eine Kompetenz in einer Unterrichtsstunde oder einer Unterrichtssequenz nur angebahnt, aber nicht vollständig erlernt werden. Nach Weinert ist eine Kompetenz eine verfügbare oder erlernbare Fähigkeit und Fertigkeit sowie die damit verbundene Bereitschaft, diese Fähigkeit und Fertigkeit zur Problemlösung in variablen Situationen erfolgreich nutzen zu können (2001, 27 f.). Kompetenzen werden im Handeln erlernt und zeigen sich im Handeln. Für die Unterrichtsgestaltung hat dies konkrete Folgen: Die Anwendungssituation, in der Kompetenzen erlernt und gezeigt werden können, steht als Lernprozess im Mittelpunkt des Unterrichts. Typische Kompetenzformulierungen sind:

- Die Schüler zerlegen natürliche Zahlen in ein Produkt aus Primzahlen.
- Die Schüler erarbeiten und wenden die Eigenschaften achsensymmetrischer Figuren an.
- Die Schüler veranschaulichen die Addition von Brüchen mithilfe von Bruchbildern.

Als überfachliche Kompetenzen gelten allgemein personale Kompetenzen (Selbstreflexion, Selbstständigkeit, Eigenständigkeit), soziale Kompetenzen (Kooperationsfähigkeit, Konfliktfähigkeit, Umgang mit Vielfalt) und methodische Kompetenzen (Sprachfähigkeit, Informationen nutzen, Aufgaben/Probleme lösen).

Ein formuliertes Lernziel liefert Kriterien für die Auswahl des Unterrichtsgegenstandes und die methodische Umsetzung. Deswegen ist es sinnvoll, ein Lernziel möglichst präzise und mit Bedacht zu formulieren. Gleichzeitig folgt man dem Primat der Didaktik, das besagt, dass der Inhalt (Was?) vor den Methoden und Medien (Wie?) auszuwählen ist. Lernziele enthalten zum einen Angaben zum Inhalt, also was oder woran gelernt werden soll, und zum anderen ein möglichst beobachtbares Endverhalten, das nach erfolgreicher Lerntätigkeit erworben wurde. Lernziele werden in der Form formuliert:
Die Schüler können INHALT + BEOBACHTBARES ENDVERHALTEN.

Das beobachtbare Endverhalten wird durch ein Verb beschrieben, das wenige Interpretationen zulässt. In der Regel eignen sich die im Mathematikunterricht verwendeten Operatoren (vgl. S. 100). Beispielsweise: angeben, aufstellen, nennen, beschreiben, identifizieren, schriftlich lösen, konstruieren, vergleichen, interpretieren, bewerten, graphisch darstellen.

TIPP Für die ersten Planungen ist es völlig ausreichend, wenn Sie sich auf die Formulierung von fachlichen und ggf. überfachlichen Lernzielen beschränken. Mit zunehmendem Einblick in die Fachdidaktik können Sie später fachliche und überfachliche Kompetenzen ergänzen.

3.1.5 Wie? Die Handlungsstruktur für den Unterricht festlegen

Die Auswahl der einzusetzenden Aufgabe, der Methode, der Sozialform sowie der Medien bedingt sich in vielen Fällen. Wichtig ist, bezogen auf das formulierte Lernziel immer wieder zu überprüfen, ob mit der getroffenen Auswahl das Lernziel erreicht wird.

a) Aufgabenanalyse (Inhalt)

Ziel der Aufgabenanalyse ist es zu erfahren, welche Anforderungen die Aufgabe an die Lernenden stellt. Hierdurch ergibt sich eine möglichst realistische Einschätzung für den Einsatz der Aufgabe in der betrachteten Lerngruppe. Aus der Analyse können sich mögliche Ergänzungen oder Präzisierungen der Aufgabenformulierung, der Aufgabenstruktur oder der Arbeitsschritte bei der Bearbeitung ergeben. Weiter werden oft mögliche Hilfen sichtbar, die den Lernenden angeboten werden können. Ergebnis der Analyse kann aber auch sein, dass die Aufgabe nicht geeignet ist.

Die Aufgabenanalyse kann aus den folgenden Schritten bestehen:

1. Aufgabenstellung genau ausformulieren
2. Aufgabe in den Teilschritten in Schülernotation ausführlich lösen und dokumentieren
   - Was sind die einzelnen Lösungsschritte der Aufgabe?
3. Kenntnisse, Fähigkeiten und Fertigkeiten für die Bearbeitung der Aufgabe bestimmen
   - Welches Wissen, welche Kenntnisse, Fähigkeiten und Fertigkeiten benötigt der Lernende zum Lösen der Aufgabe?
   - Was sind die Lernvoraussetzungen zur Bearbeitung der Aufgabe?
   - Welche Hilfsmittel muss oder kann der Lernende zum Lösen einsetzen?
   - Was sind mögliche Schwierigkeiten, Fehlerquellen und falsche Denkansätze beim Lösen?
   - Wie viel Zeit benötigt ein durchschnittlicher Lerner zum Lösen der Aufgabe?
4. Aufgabentyp angeben, Aufgabe bzw. Teilaufgaben den Anforderungsbereichen und die im Vordergrund stehende Kompetenz zuordnen

5. Lernzuwachs ermitteln
   - Was lernen die Schüler bei der Bearbeitung der Aufgabe?
   - Was können die Lernenden nach der Aufgabenbearbeitung besser als vorher?
   - Welche Erkenntnisse können die Lernenden durch die Aufgabenbearbeitung gewinnen?

b) Methoden- und Sozialformauswahl

In einigen Fällen bestimmt die Formulierung der Aufgabe oder des Arbeitsauftrages bereits die einzusetzende Methode oder Sozialform. Abbildung 6 gibt einen Überblick über geeignete Methoden für den Mathematikunterricht. Die Methoden werden in Kapitel 4 ausführlich beschrieben.

Orientierungsfragen zur Auswahl der Methode (vgl. auch Kratz 2011, S. 145):
- Mit welcher Methode kann die Aufgabe mit Blick auf das Lernziel am besten bearbeitet werden?
- Inwieweit geben die Formulierungen der Aufgabenstellung oder der Arbeitsaufträge die Methode vor?
- Inwieweit sind die Lernenden mit der Methode vertraut?
- Inwieweit bin ich als Lehrkraft mit dem Einsatz und der Durchführung der Methode vertraut?
- Kann ich in der Situation auf Nachfragen der Lernenden zur Methode richtig und kompetent eingehen?
- Welche Schwierigkeiten sind beim Einsatz der Methode zu erwarten?
- Welche Hinweise sollen die Lernenden vor dem Einsatz der Methode erhalten?
- Welche Verhaltensregeln sind von den Lernenden einzuhalten?
- Ist die Methode dazu geeignet, Tätigkeiten anzuregen, mit denen die Lernenden das Lernziel und die Kompetenzen erwerben können?
- Welche Methoden sind kombinierbar?
- Erfüllt die Methode die ihr zugedachte Funktion im Unterricht?
- Ist die Methode für die Unterrichtsphase geeignet?

- Ist durch die Methode ein individueller Lernprozess sichergestellt?
- Ermöglicht die Methode eine Differenzierung?
- Welche Vorteile und Nachteile hat die Methode gegenüber anderen Methoden?

Welche Funktion?	Worum geht es?	Welche Methoden sind geeignet?
Einsteigen, Problematisieren, Motivieren	Zugang zu neuen Themen finden	Placemat, Sammeln – Ordnen – Strukturieren
	Fragen, Problemstellungen und Vermutungen formulieren	Placemat, Ich – Du – Wir
	Motivation entwickeln	
Erkunden, Entdecken, Erfinden	Erarbeiten neuer Begriffe oder Entdecken von Zusammenhängen	Steckbrief, Partnerpuzzle, Gruppenpuzzle, Stationenzirkel
	Aushandeln von Begriffen oder Austausch von Entdeckungen	Placemat, Ich – Du – Wir, Partnerpuzzle, Gruppenpuzzle, Schreibgespräch
	Entwickeln kreativer Ideen	Schreibgespräch, Ich – Du – Wir, Placemat
Systematisieren, Absichern, Darstellen	Systematisieren von Begriffen und Begriffsnetzen	Sammeln – Ordnen – Strukturieren, Partnerpuzzle, Gruppenpuzzle
	Prüfen von Ergebnissen	Partnerpuzzle, Tandemübung
	Darstellen von Ideen und Zusammenhängen	Sammeln – Ordnen – Strukturieren
Üben, Vertiefen, Anwenden, Wiederholen	Üben von Kenntnissen und Fertigkeiten	Partnerpuzzle, Tandemübung, Stationenzirkel
	Festigen von Begriffen	Was bin ich?, Mathequiz, Gruppenpuzzle
	Anwenden des Gelernten in neuen Kontexten	Partnerpuzzle
	Reflektieren von Begriffen und Verfahren	Tandemübung, Gruppenpuzzle, Mathequiz, Lernprotokoll
Diagnostizieren, Überprüfen	Leistungen differenziert sichtbar werden lassen für die (Selbst-)Diagnose	Lernprotokoll, Sammeln – Ordnen – Strukturieren
	Leistungen für die Bewertung darstellen	Portfolio

Abbildung 6: Typische Unterrichtsphasen und geeignete Methoden (Auszug aus Barzel/Büchter/Leuders 2007, S. 252 f., mit eigenen Ergänzungen und von Kratz 2011, S. 144)

> **TIPP** Bei der Methodenauswahl wird oft das Primat der Didaktik (Inhalt bestimmt Methode und Medien) offensichtlich. Die Formulierung der Aufgabenstellung oder der Arbeitsaufträge bestimmt in vielen Fällen die Reihenfolge der Arbeitsschritte und gibt die Art und Weise vor, wie die Lernenden arbeiten. Legen Sie Wert auf präzise formulierte Aufgabenstellungen und Arbeitsaufträge. Probieren Sie auch ähnliche Formulierungen aus, um die sich anschließende Schülerhandlung einzuschätzen (Was genau tun die Lernenden bei dieser Formulierung? Führt diese Schülertätigkeit zum Lernziel?).

> **TIPP** Führen Sie für die Lernenden eine neue Methode ein, dann sollte der mit der Methode erarbeitete Inhalt für die Lernenden nicht so anspruchsvoll sein, damit die Lernenden sich auf die korrekte Durchführung der Methode konzentrieren können. Besprechen Sie vor der Durchführung mit den Lernenden ausführlich die Funktionsweise und den Ablauf der Methode und die mit der Methode verbundenen Absichten. Reflektieren Sie den Methodeneinsatz anschließend mit den Lernenden. Mögliche Reflexionsfragen: Was hat Spaß gemacht? Was ist gelungen? Was müsste beim zweiten Mal verbessert werden?

> **TIPP** Eine neu eingeführte Methode funktioniert in der Regel nicht gleich beim ersten Mal perfekt. Seien Sie geduldig mit sich und der Lerngruppe. Erproben Sie eine Methode mindestens dreimal und reflektieren Sie den Methodeneinsatz jedes Mal mit den Lernenden. Sollte die Methode dann immer noch nicht funktionieren, dürfen Sie die Methode gerne verwerfen.

Orientierungsfragen zur Auswahl der Sozialform (vgl. auch Sturm 2016, S. 21 f.):

- In welcher Sozialform (Einzel-, Partner-, Gruppenarbeit, Unterrichtsgespräch) kann die Aufgabe mit Blick auf das Lernziel am besten bearbeitet werden?
- Inwieweit wird die Sozialform durch die gewählte Methode festgelegt?
- Inwieweit bin ich als Lehrkraft mit dem Einsatz und der Durchführung der Sozialform vertraut?
- Sollen die Partner bzw. Gruppen leistungshomogen oder leistungsheterogen zusammengesetzt sein, um möglichst optimal zusammenzuarbeiten?
- Beherrschen die Lernenden die gewählte Sozialform?
- Welche Verhaltensregeln sind von den Lernenden einzuhalten?
- Wie lange können die Lernenden in der Sozialform arbeiten?
- Welche Abfolge der Sozialformen kann mit Blick auf das Lernziel und die Lerngruppe gewählt werden?

> **TIPP** Je jünger die Lernenden sind, desto häufiger benötigen sie einen Phasenwechsel. Fünftklässler können einem Unterrichtsgespräch in der Regel nur etwa 5–8 Minuten konzentriert folgen. Länger als etwa 15 Minuten sollte bei ihnen keine Phase dauern.

c) Medienauswahl

Orientierungsfragen zur Auswahl der Medien (vgl. auch Kratz 2011, S. 145):

- Welches Medium unterstützt die Aufgabenbearbeitung mit Blick auf das Lernziel am besten?
- Inwieweit sind die Lernenden mit dem Medium vertraut?
- Inwieweit bin ich als Lehrkraft mit der Bedienung und dem Einsatz des Mediums vertraut?
- Welche Schwierigkeiten sind beim Einsatz des Mediums zu erwarten?
- Kann ich in der Situation auf Nachfragen der Lernenden zum Medium richtig und kompetent eingehen?
- Welche Hinweise sollen die Lernenden vor dem Einsatz des Mediums erhalten?
- Welche Verhaltensregeln sind von den Lernenden einzuhalten?
- Unterstützt das Medium Tätigkeiten, mit denen die Lernenden das Lernziel und die Kompetenzen erwerben können?
- Unterstützt das Medium einen individuellen Lernprozess?
- Unterstützt das Medium eine Differenzierung?
- Welche Vorteile und Nachteile hat das Medium gegenüber anderen Medien?

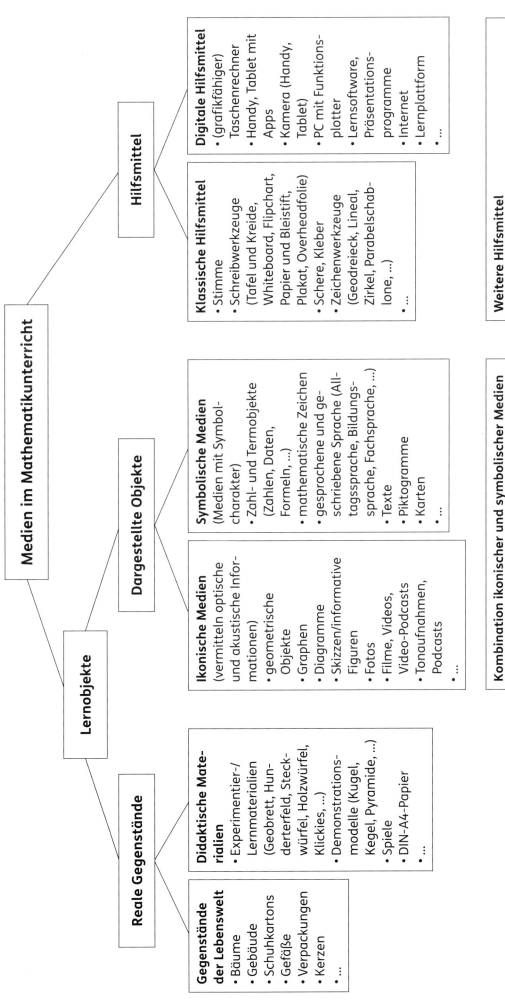

Abbildung 7: Medien im Mathematikunterricht nach Kratz 2011, S. 137 mit Ergänzungen und kleinen Änderungen

3.1.6 Die Stundenplanung vornehmen

Die Planung einzelner Stunden kann übersichtlich mit dem Formblatt Stundenplanung (siehe Abb. 8) vorgenommen werden. Im Kopf der Stundenplanung werden die Stunde, die Klasse, das Stundenthema und das Lernziel der Stunde notiert (vgl. *Praxisbeispiel 1: Stundenplanung: Einführung des verminderten und vermehrten Grundwerts*). In der Spalte *Phase* wird notiert, wozu die Phase dient, und eine ungefähre Zeitangabe gemacht. Neben Einstieg, Erarbeitung, Sicherung gibt es auch Formulierungen wie Einführung, Motivation, Problemstellung, Übung, Wiederholung, Reflexion etc.

Die Spalte *Lehrerhandeln* enthält die geplanten Handlungen der Lehrkraft. Beispiel: L (Lehrkraft) informiert SuS (Schülerinnen und Schüler) anhand des AB 1 (Arbeitsblatt 1) über den Stundenablauf; L unterstützt SuS bei der Erarbeitung; L stellt die Impulsfrage: „Was fällt euch zum Begriff *vorteilhaftes Rechnen* ein?"

Die erwarteten Handlungen der Lernenden werden in der Spalte *erwartetes Schülerhandeln* eingetragen. In der Regel werden die Lernenden von der Lehrkraft durch Aufforderungen, Arbeitsaufträge oder den Einsatz einer Methode zu einem bestimmten Verhalten aufgefordert. Dieses höchstwahrscheinlich eintretende Verhalten ist das zu erwartende Schülerverhalten. Beispiel: SuS hören zu; SuS vergleichen Wertetabellen und Verlauf der Graphen; SuS überlegen kurz, besprechen sich und machen Vorschläge. Die eingesetzte Methode und die Sozialform (Einzel-, Partner-, Gruppenarbeit, Unterrichtsgespräch) werden in der Spalte *Methode/Sozialform* festgehalten. Diese Spalte gibt auf einen Blick Auskunft darüber, ob für die Lernenden genügend Aktivitäten geplant sind. Ziel eines guten Unterrichts ist es, die effektive Lernzeit für die Schüler möglichst groß zu gestalten.

In der Spalte *Medien* werden die in den einzelnen Phasen eingesetzten und genutzten Medien aufgeführt. Da die Eintragungen in der Stundenplanung möglichst kurz und prägnant sein sollen, werden Abkürzungen verwendet. Die gängigsten sind: EA – Einzelarbeit, PA – Partnerarbeit, GA – Gruppenarbeit, UG – Unterrichtsgespräch, AB – Arbeitsblatt, OHP – Overheadprojektor, L – Lehrkraft, SuS – Schülerinnen und Schüler.

Stundenplanung

Stunde: _____   **Klasse:** _____   **Fach:** Mathematik

Thema der Stunde: _____

Lernziel der Stunde: _____

Phase	Lehrerhandeln	erwartetes Schülerhandeln	Methode/ Sozialform	Medien
Einstieg				
Erarbeitung				
Sicherung				

Abbildung 8: Formblatt Stundenplanung

TIPP Beschränken Sie die Planung einer Unterrichtsstunde fürs Erste auf die drei Phasen *Einstieg, Erarbeitung* und *Sicherung* und achten Sie darauf, bei 45 Minuten Unterricht drei bis fünf Phasen zu planen.

TIPP Achten Sie darauf, im Unterricht etwa nach 6 – 12 Minuten einen Phasenwechsel vorzunehmen und selbst nicht zu dominant das Unterrichtsgeschehen (z. B. durch Reden) zu bestimmen. Denken Sie daran, die Schüler müssen arbeiten und lernen. Diese Lernzeit, in der die Lernenden aktiv sind, sollte in jeder Unterrichtsstunde möglichst viel Zeit einnehmen.

TIPP Versuchen Sie, sich im Unterrichtsgeschehen nicht zu sklavisch an die geplanten Zeitvorgaben zu halten. Unterricht ist ein lebendiges Geschehen, das von den Akteuren beeinflusst wird. Es gibt Situationen, in denen das, was den Lernenden verständlich werden sollte, noch nicht verständlich geworden ist. Dann ist es sinnvoller, hier noch Zeit zu investieren, als im Unterrichtsgang voranzuschreiten.

Praxisbeispiel 1: Stundenplanung: Einführung des verminderten und vermehrten Grundwertes

Stunde: 1   **Klasse**: 8   **Fach**: Mathematik

Thema der Stunde: Einführung des verminderten und vermehrten Grundwertes

Lernziel der Stunde: Die Schüler können den verminderten bzw. vermehrten Grundwert als Prozentwert berechnen.

Phase	Lehrerhandeln	erwartetes Schülerhandeln	Methode/ Sozialform	Medien
Einstieg (ca. 6 Minuten)	■ L stellt den SuS die Aufgabe vor und fordert auf, Verständnisfragen zur Aufgabe zu stellen. ■ L erläutert den Arbeitsauftrag. ■ L teilt die SuS in leistungsheterogene 4er-Gruppen ein.	SuS stellen Fragen: ■ Was ist ein Barzahlungsrabatt? ■ Was sind Mehrwertsteuern und wie hoch sind diese? ■ Wie werden Mehrwertsteuern berechnet? ■ …	UG	AB
Erarbeitung 1 (ca. 5 Minuten)	L unterstützt den Erarbeitungsprozess.	SuS erarbeiten erste Lösungsschritte.	EA	AB
Erarbeitung 2 (ca. 20 Minuten)	L geht von Gruppe zu Gruppe und unterstützt den Erarbeitungsprozess.	■ SuS tauschen die ersten Lösungsschritte aus. ■ SuS erarbeiten die weiteren Lösungen.	GA in leistungsheterogenen 4er-Gruppen	
Sicherung (ca. 10 Minuten)	L organisiert die Plakaterstellung.	SuS fertigen für die Präsentation ein Plakat an.	GA in leistungsheterogenen 4er-Gruppen	■ Stifte ■ weißes DIN-A3-Papier

Arbeitsblatt

Name: _____

Aufgabe

Lilith wünscht sich ein neues Fahrrad. Sie hat sich bereits für ein Modell entschieden und prüft nun zwei Angebote. Leider ist schon Mitte April. Welches Angebot ist günstiger?

1. Angebot
Radsport Herwig: 410 €, Preiserhöhung ab 1. April 4 %, kein Barzahlungsrabatt.

2. Angebot
Zweirad Weigand: 4 % Rabatt bei Barzahlung, 450 € einschließlich Mehrwertsteuer.

Arbeitsauftrag

a) Für welches Angebot entscheidest du dich? Begründe mit einer Rechnung.
   Arbeite die ersten 5 Minuten alleine.
   Tauscht euch anschließend in eurer Gruppe aus. (20 Minuten)

b) Fertigt für die Präsentation ein Plakat an. (10 Minuten)

3.2 Praxisbeispiel: Planung einer Unterrichtsstunde

In diesem Kapitel werden an einem Beispiel die einzelnen Schritte der Unterrichtsplanung exemplarisch dargestellt. Thema ist die Einführung der proportionalen und antiproportionalen Zuordnung. Die Stundenplanung für den **Unterrichtsverlauf A** (Partnerpuzzle, parallele Bearbeitung) finden Sie als *Praxisbeispiel 10* im Anhang (S. 96). Die Arbeitsblätter sind im Anhang (ab S. 93) zu finden. Die Idee für das Praxisbeispiel stammt von Iris Goldbeck und ist Kratz (2011, S. 156 – 171) entnommen.

3.2.1 Lernausgangslage und Lernbedingungen

a) Fachliche Ausgangslage

- Die Lernenden können einfache Zuordnungstabellen und -graphen erstellen und Zuordnungen sprachlich beschreiben.
- Die Lernenden haben bis jetzt nur wenige und nur einfache Aufgaben mit dem Dreisatz bearbeitet.
- Etwa ein Drittel der Lernenden hat eine niedrige Frustrationstoleranz, d. h., sie stellen bei auftretenden Problemen und Schwierigkeiten die Aufgabenbearbeitung ein und benötigen dann teilweise eine persönliche Ansprache.
- Einigen Lernenden sind Begriffe aus der Bildungssprache (Skonto, Chocolaterie, ...) nicht bekannt.
- Dort, wo sprachliche Formulierungen wichtig sind, erhalten die Lernenden Hilfen (Wortgeländer, Satzanfänge, ...).
- Fachbegriffe und fachliche Formulierungen werden gezielt eingeübt.

b) Weitere Lernbedingungen

- In der Klasse 7b befinden sich 28 Lernende, 12 Mädchen und 16 Jungen.
- Trotz der auftretenden Schwierigkeiten sind die Lernenden bemüht, die an sie gestellten Arbeitsaufträge zu bearbeiten.
- Das Arbeiten in festen Lernpartnerschaften (in der Mehrzahl lernstarker und lernschwacher Schüler) hat sich bewährt.
- Das Partnerpuzzle kennen die Lernenden aus verschiedenen Fächern.

c) Örtliche und räumliche Lernbedingungen

- Eine Tafel mit zwei ausklappbaren Flügeln ist vorhanden.
- Im Klassenraum sind Dokumentenkamera und Beamer vorhanden und werden regelmäßig im Unterricht eingesetzt.
- Der Raum ist groß, sodass die Tische für zwei Lernende in 4er- und 6er-Formation für Gruppenarbeiten gestellt werden können.

3.2.2 Unterrichtsinhalt

- Das schulinterne Fachcurriculum sieht für die Klasse 7 das Thema „Zuordnungen und ihre Darstellungen" vor. Im Einzelnen gehören hierzu: Zuordnungen, Graphen von Zuordnungen, Gesetzmäßigkeiten bei Zuordnungen, proportionale und antiproportionale Zuordnungen, Dreisatzrechnung bei proportionalen und antiproportionalen Zuordnungen.
- Die Aspekte Zuordnungen und Graphen von Zuordnungen wurden bereits mit der Lerngruppe bearbeitet. Als Nächstes steht die Erarbeitung der proportionalen und antiproportionalen Zuordnungen an.
- Die Zuordnungen sollten an einfachen, gut überblickbaren Beispielen erarbeitet werden.
- Bei der Einführung sollte der Zusammenhang von Wertetabelle und Graph im Vordergrund stehen.
- Die Zuordnung der beiden Werte sollte von den Lernenden sprachlich beschrieben werden können (z.B. proportionale Zuordnung: „Wird der eine Wert verdoppelt, dann wird auch der andere Wert verdoppelt", antiproportionale Zuordnung: „Wird der eine Wert verdoppelt, dann wird der andere Wert halbiert").
- Die verschiedenen Rechenwege der Lernenden sollten in der Lerngruppe präsentiert und besprochen werden.
- Erst nachdem die einfachen Beispiele durchgearbeitet und verstanden wurden, sollten die Fachbegriffe eingeführt werden.

3.2.3 Lernziele

Lernziel der Einführungsstunde: Die Schüler können an der Wertetabelle und an dem graphischen Verlauf der proportionalen bzw. antiproportionalen Zuordnung erläutern, wie sich die beiden Werte zueinander verhalten.

3.2.4 Handlungsstruktur für den Unterricht

a) Aufgabenanalyse (Inhalt)

1. Aufgabenstellung genau ausformulieren
Siehe Anhang (S. 93 ff.).

2. Aufgabe in den Teilschritten in Schülernotation ausführlich lösen und dokumentieren

Arbeitsblatt 1: Arbeitsaufträge zur Erarbeitung

Aufgabenteil 1

Siehe weiter unten Arbeitsblatt 2 und 3.

Aufgabenteil 2

Aufgabenteil a) ist nicht überprüfbar, da die Lernenden miteinander sprechen und sich die Aufgaben und Ergebnisse erklären.

Aufgabenteil b)

	Arbeitsblatt 2: Proportionale Zuordnung	**Arbeitsblatt 3: Antiproportionale Zuordnung**
Werte-tabelle	Mögliche Schüleräußerungen: ■ Die Werte steigen beide gleich an. ■ Wird der eine Wert verdoppelt, dann verdoppelt sich auch der andere Wert. ■ Neue Wertepaare entstehen dadurch, dass beide Werte mit der gleichen Zahl malgenommen oder durch dieselbe Zahl geteilt werden. ■ Neue Wertepaare entstehen dadurch, dass zwei Werte innerhalb einer Spalte plusgerechnet werden. Die entsprechenden Werte müssen aus den gleichen Zeilen kommen. ■ Neue Wertepaare entstehen dadurch, dass der Bruch $\frac{1,20}{100}$ gekürzt oder erweitert wird. ■ Das Wertepaar (0|0) kann in die Wertetabelle eingetragen werden. ■ Wird die Menge durch den Preis geteilt oder umgekehrt, dann ergibt sich immer dieselbe Zahl.	Mögliche Schüleräußerungen: ■ So wie der eine Wert fällt, so steigt der andere Wert. ■ Wird der eine Wert verdoppelt, dann halbiert sich der andere Wert. ■ Neue Wertepaare entstehen durch Malnehmen mit bzw. Teilen durch dieselbe Zahl. ■ Das Produkt aus Länge und Breite ergibt immer 24. ■ Ausgehend von der Gleichung $1 \cdot b = 24$ bzw. $2 \cdot b = 24$ etc. wird die Zahl für b gesucht, die zum Produkt 24 führt.

	Arbeitsblatt 2: Proportionale Zuordnung	Arbeitsblatt 3: Antiproportionale Zuordnung
Graph	Mögliche Schüleräußerungen: ■ Die Punkte im Koordinatensystem können durch gerade Striche verbunden werden. ■ Die eingezeichneten Punkte liegen alle auf einer Geraden. ■ Der Graph steigt gleichmäßig an. ■ Der Graph hat überall die gleiche Steigung. ■ Der Graph ist eine Gerade/Ursprungsgerade. ■ Der Graph verläuft durch den Ursprung. ■ Das Wertepaar (0|0) kann in das Koordinatensystem eingetragen werden.	Mögliche Schüleräußerungen: ■ Die Punkte im Koordinatensystem können durch gerade Striche verbunden werden. ■ Der Graph verläuft gekrümmt. ■ Der Graph verläuft nicht durch den Ursprung. ■ Der Graph berührt beide Achsen nicht.

Aufgabenteil c)

Arbeitsblatt 2: Proportionale Zuordnung	Arbeitsblatt 3: Antiproportionale Zuordnung
Mögliche Schüleräußerungen: ■ Wird der eine Wert verdoppelt, dann verdoppelt sich auch der andere Wert. ■ Neue Wertepaare entstehen dadurch, dass beide Werte mit derselben Zahl malgenommen oder durch dieselbe Zahl geteilt werden. ■ Neue Wertepaare entstehen dadurch, dass zwei Werte innerhalb einer Spalte plusgerechnet werden. Die entsprechenden Werte müssen aus den gleichen Zeilen kommen. ■ Neue Wertepaare entstehen dadurch, dass der Bruch $\frac{1,20}{100}$ gekürzt oder erweitert wird.	Mögliche Schüleräußerungen: ■ So wie der eine Wert fällt, so steigt der andere Wert. ■ Wird der eine Wert verdoppelt, dann halbiert sich der andere Wert. ■ Neue Wertepaare entstehen durch Malnehmen mit bzw. Teilen durch dieselbe Zahl. ■ Das Produkt aus Länge und Breite ergibt immer 24. ■ Ausgehend von der Gleichung $1 \cdot b = 24$ bzw. $2 \cdot b = 24$ etc. wird die Zahl für b gesucht, die zum Produkt 24 führt.

Arbeitsblatt 2: Proportionale Zuordnung

Aufgabenteil a)

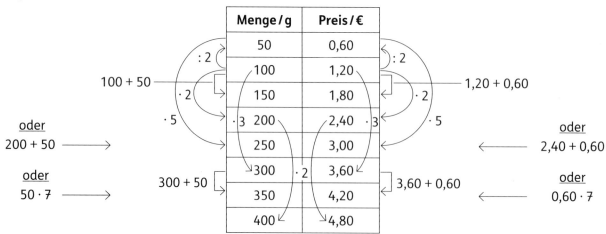

Lösungsvariante: Ausgehend von der Beziehung 50 ≙ 0,60 werden die Werte 150, 200, ... durch die beidseitige Multiplikation mit dem Faktor 3, 4, ... aufgefunden.

Anmerkung: Die Lernenden sollen die Additionsvariante genauer beschreiben und dabei genau angeben, welche Zahlen addiert werden.

Aufgabenteil b)

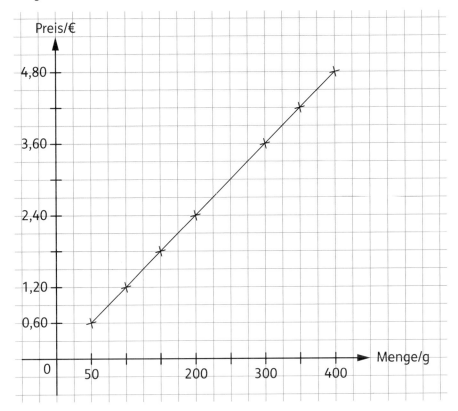

Anmerkung: Es könnte sein, dass die Lernenden den Ursprung (0|0) einzeichnen und die Gerade durch den Ursprung zeichnen, obwohl der Wert nicht in der Wertetabelle enthalten ist.

Aufgabenteil c)

Schülerlösung: Der Wert 0 g Schokolade entspricht 0 €. Das Wertepaar kann in das Koordinatensystem eingetragen werden. Die Gerade kann durch den Punkt (0|0) gezogen werden.

Anmerkung: Spätestens hier wird angesprochen, was mit dem Ursprung (0|0) los ist.

Arbeitsblatt 3: Antiproportionale Zuordnung

Aufgabenteil a)

Länge a/cm	1	2	3	4	6	8	12	24
Breite b/cm	24	12	8	6	4	3	2	1

Lösungsvariante 1: Ausgehend von der Beziehung 1 ≙ 24 werden die Werte 2, 3, 4, ... durch die Multiplikation mit dem Faktor 2, 3, 4, ... aufgefunden, wobei gleichzeitig der Wert 24 entsprechend durch den Divisor 2, 3, 4, ... geteilt wird.

Lösungsvariante 2: Ausgehend von der Gleichung $1 \cdot b = 24$ bzw. $2 \cdot b = 24$ etc. suchen die Lernenden die Zahl für b, die zum Produkt 24 führt.

Anmerkung: Die Gleichung $a \cdot b = 24$ legt schon nahe, dass eine Addition oder Subtraktion hier nicht zu einem Ergebnis führt.

Aufgabenteil b)

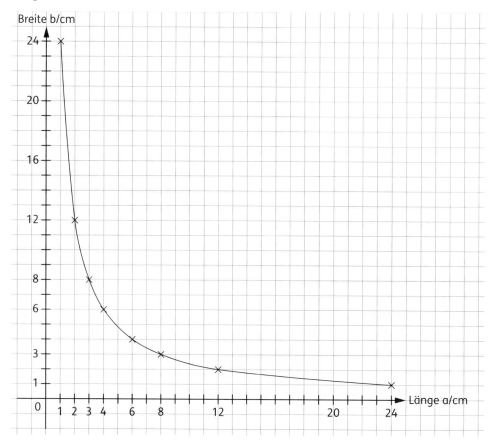

Anmerkung: Es kann sein, dass die Lernenden die eingezeichneten Punkte jeweils durch gerade Striche verbinden. Zur Vertiefung können weitere Zwischenwerte, die das Produkt 24 haben, bestimmt und eingezeichnet werden. Hierdurch sollte den Lernenden klar werden, dass der Graph gekrümmt verläuft.

3. Kenntnisse, Fähigkeiten und Fertigkeiten für die Bearbeitung der Aufgabe bestimmen

▥ Die Lernenden müssen nach einer Gesetzmäßigkeit eine Wertetabelle ausfüllen können.

▥ Die Lernenden müssen Wertepaare aus einer Wertetabelle in ein Diagramm eintragen können.

▥ Die Lernenden müssen die beiden Achsenskalierungen auf die Wertepaare in der Tabelle (kleinste, größte Werte) abstimmen und die Skalierung entsprechend vornehmen sowie die Achsen beschriften können.

▥ Die Lernenden müssen die in das Koordinatensystem eingetragenen Punkte mit einer Geraden bzw. gekrümmten Linie verbinden können.

▥ Mögliche Fehlerquellen:
   • Lernende versuchen, weitere Wertepaare durch Addition oder Subtraktion aufzufinden.
   • Lernende verbinden benachbarte Punkte im Koordinatensystem jeweils mit einem geraden Strich.

▥ Ein durchschnittlicher Lerner sollte das Arbeitsblatt 2 bzw. 3 in etwa 10 Minuten und das Arbeitsblatt 1, Aufgabenteil 2 in etwa 20 Minuten bearbeiten.

4. Aufgabentyp angeben, Aufgabe bzw. Teilaufgaben den Anforderungsbereichen und die im Vordergrund stehende Kompetenz zuordnen

Arbeitsblatt 1: Arbeitsaufträge zur Erarbeitung

1. siehe unten Arbeitsblatt 2 bzw. 3

2. a) , b) , c) geschlossene Aufgabe, AFB II; Kompetenz *Mathematisch kommunizieren*

Arbeitsblatt 2: Proportionale Zuordnung

a) geschlossene Aufgabe, AFB I, Kompetenz *Mit symbolischen, formalen und technischen Elementen der Mathematik umgehen*

b) geschlossene Aufgabe, AFB I, Kompetenz *Mathematische Darstellungen verwenden*

c) geschlossene Aufgabe, AFB I, Kompetenz *Mathematisch argumentieren*

Arbeitsblatt 3: Antiproportionale Zuordnung

a) geschlossene Aufgabe, AFB I, Kompetenz *Mit symbolischen, formalen und technischen Elementen der Mathematik umgehen*

b) geschlossene Aufgabe, AFB I, Kompetenz *Mathematische Darstellungen verwenden*

5. Lernzuwachs ermitteln

■ Bei der Bearbeitung der Arbeitsblätter 2 und 3 lernen die Schüler exemplarisch, wie die Wertepaare der proportionalen/antiproportionalen Zuordnung berechnet werden können und wie die Graphen verlaufen.

■ Beim Arbeitsblatt 1, Aufgabenteil 2 a) üben sich die Lernenden im verständlichen Erklären der von ihnen bearbeiteten Aufgabe und in der nachvollziehbaren Darlegung der Ergebnisse.

■ Beim Vergleich der Wertetabellen und Graphen (Arbeitsblatt 1, Aufgabenteil 2 b)) beschreiben die Lernenden, wie die Wertepaare in den Tabellen berechnet werden (Rechenschritte, Regel, …) und wie genau die beiden Graphen verlaufen.

■ Im Aufgabenteil 2 c) (Arbeitsblatt 1) formulieren die Lernenden in ihren eigenen Worten eine Regel für das Ausfüllen der Wertetabelle für die proportionale und die antiproportionale Zuordnung. Die von den Lernenden gewonnenen Erkenntnisse – im Teil 2 b) formuliert – werden hier nochmals formuliert und damit durchdacht.

b) Methoden- und Sozialformauswahl

■ Es sollen zwei Inhalte (proportionale/antiproportionale Zuordnung) bearbeitet werden. Dies kann zeitlich parallel oder nacheinander erfolgen.

■ Die Arbeitsaufträge der Arbeitsblätter 2 und 3 führen die Lernenden sehr eng (geschlossene Aufgaben). Erst durch die Aufgabe 2 auf dem Arbeitsblatt 1 (erklären, vergleichen, beschreiben) beginnen die Lernenden, den mathematischen Inhalt zu durchdringen.

Die Sozialform ergibt sich aus der gewählten Methode bzw. aus dem Vorgehen. Um einen Eindruck zu vermitteln, wo methodische Unterschiede liegen und welche Abhängigkeiten zwischen der gewählten Methode und der Aufgabenformulierung bestehen, werden hier vier mögliche Unterrichtsverläufe dargestellt und besprochen.

Möglicher Unterrichtsverlauf A (Partnerpuzzle, parallele Bearbeitung)

Phase	Unterrichtsgeschehen	Methode/ Sozialform	Medien
Einstieg (5 Minuten)	L informiert SuS über den Ablauf der Stunde.	UG	
Erarbeitung 1 (10 Minuten)	SuS bearbeiten als Experte das Arbeitsblatt 2 bzw. 3.	Partnerpuzzle, Tandem	AB 2 & 3
Erarbeitung 2 (20 Minuten)	SuS arbeiten in der Erklärungsphase: ■ eigene Aufgabe und Ergebnisse dem anderen Experten erklären ■ Wertetabellen und Verlauf der Graphen vergleichen und beschreiben ■ Regel zum Ausfüllen der Wertetabelle formulieren	Partnerpuzzle, Tandem	AB 1, 2 & 3
Sicherung (10 Minuten)	■ SuS präsentieren ihre Ergebnisse. ■ L moderiert.	UG	Dokumenten-kamera, Beamer

Vorteile:

- In keiner Phase arbeitet ein Lernender allein.
- Es wird eine hohe Aktivierung der Lernenden erzielt, da sie aufgrund der Tandemsituation gefordert sind. Kein Lernender kann sich der Anforderungssituation entziehen.
- Die Lernergebnisse sind aufgrund der Aufgabenstrukturierung gut planbar.

Nachteile:

- –

Anmerkungen: In der Erarbeitung 1 könnten statt zwei auch drei oder vier Lernende zusammen ein Arbeitsblatt 2 bzw. 3 bearbeiten. Bei mehr als zwei Lernenden wird allerdings mehr Zeit für den Austausch (Kommunikation) benötigt und einzelne Lernende können sich eher der Anforderungssituation entziehen und die Arbeit den anderen Gruppenmitgliedern überlassen.

Möglicher Unterrichtsverlauf B (Ich – Du – Wir-Methode, parallele Bearbeitung)

Phase	Unterrichtsgeschehen	Methode / Sozialform	Medien
Einstieg (5 Minuten)	L informiert SuS über den Ablauf der Stunde.	UG	
Erarbeitung 1 (6 Minuten)	SuS bearbeiten in der Ich-Phase als Experte das Arbeitsblatt 2 bzw. 3.	EA	AB 2, 3
Erarbeitung 2 (8 Minuten)	SuS tauschen sich in der Du-Phase als Experte über die Lösungen der Arbeitsblätter 2 bzw. 3 aus.	PA	AB 2, 3
Erarbeitung 3 (25 Minuten)	SuS arbeiten in der Wir-Phase: ■ eigene Aufgabe und Ergebnisse dem anderen Experten erklären ■ Wertetabellen und Verlauf der Graphen vergleichen und beschreiben ■ Regel zum Ausfüllen der Wertetabelle formulieren	4er-GA	AB 1, 2, 3

Vorteile:

- Durch die Ich-Phase sind die Lernenden noch stärker gezwungen, sich mit dem Lerngegenstand zu beschäftigen.
- Durch die 4er-Gruppe in der Wir-Phase könnten bereits mehr inhaltliche Aspekte gefunden werden, als wenn dies nur zwei Lernende tun.
- Die Lernergebnisse sind aufgrund der Aufgabenstrukturierung gut planbar.

Nachteile:

- Die vorgeschaltete Ich-Phase kostet Zeit, die ggf. an einer anderen Stelle fehlt, hier für die Sicherungsphase.
- Haben die Lernenden eine zu geringe Frustrationstoleranz, dann könnten sie in der Ich-Phase die Bearbeitung einstellen. Zur Entschärfung könnten Hilfen (Hilfekarten, Lehrkraft fragen) angeboten werden oder die Aufgabenstellung wird durch weitere Angaben (z. B. einen Teil der Werte in die Wertetabelle eintragen, die Achsenskalierung anbringen) vereinfacht.
- Zum Arbeiten in einer 4er-Gruppe ist aufgrund des Austauschs (Kommunikation) zwischen vier statt zwei Lernenden mehr Zeit erforderlich.
- Es fehlt die Sicherungsphase.

Anmerkungen: Bei diesem Verlauf müssen auf dem Arbeitsblatt 1 die Arbeitsaufträge an die „Ich – Du – Wir"-Methode angepasst werden. Dieser Unterrichtsverlauf eignet sich gut für eine Doppelstunde, da die Sicherungsphase dann nicht entfällt.

Möglicher Unterrichtsverlauf C (Bearbeitung nacheinander)

Phase	Unterrichtsgeschehen	Methode/ Sozialform	Medien
Einstieg (2 Minuten)	L informiert SuS über den Ablauf der Stunde.	UG	
Erarbeitung 1 (10 Minuten)	SuS bearbeiten mit ihrem Sitznachbarn das Arbeitsblatt 2.	PA	AB 2
Erarbeitung 2 (10 Minuten)	SuS bearbeiten mit ihrem Sitznachbarn das Arbeitsblatt 3.	PA	AB 3
Erarbeitung 3 (15 Minuten)	SuS arbeiten mit ihrem Sitznachbarn am Arbeitsblatt 1: ■ Wertetabellen und Verlauf der Graphen vergleichen und beschreiben ■ Regel zum Ausfüllen der Wertetabelle formulieren	PA	AB 1, 2, 3
Sicherung (8 Minuten)	■ SuS präsentieren ihre Ergebnisse. ■ L moderiert.	UG	Dokumentenkamera, Beamer

Vorteile:

■ In keiner Phase arbeitet ein Lernender allein.

■ Es wird eine hohe Aktivierung der Lernenden erzielt, da sie aufgrund der Tandemsituation gefordert sind.

■ Der Arbeitsauftrag 2 a) auf dem Arbeitsblatt 1 entfällt, da die Lernenden die Aufgabenblätter 2 und 3 gemeinsam bearbeiten.

■ Die Lernergebnisse sind aufgrund der Aufgabenstrukturierung gut planbar.

Nachteile:

■ Lernende können sich der Anforderungssituation leichter entziehen, da alle Bearbeitungsschritte von beiden Lernenden gleichzeitig ausgeführt werden.

■ Da kein Austausch (eigene Aufgabe und Ergebnisse den anderen Experten erklären) zwischen den Lernenden stattfindet, durchdringen die Lernenden den Inhalt weniger tief.

Anmerkungen: Bei diesem Verlauf müssen auf dem Arbeitsblatt 1 die Arbeitsaufträge angepasst werden. Sitzen die Lernenden mit ihrem Lernpartner zusammen, wird beim Einstieg und beim Umräumen für die Gruppenarbeit Zeit eingespart, da diese nicht stattfindet.

Möglicher Unterrichtsverlauf D (Bearbeitung nacheinander)

Phase	Unterrichtsgeschehen	Methode/ Sozialform	Medien
Einstieg (2 Minuten)	L informiert SuS über den Stundeninhalt und teilt die Aufgabe 1 aus.	UG	
Erarbeitung 1 (15 Minuten)	SuS bearbeiten mit ihrem Sitznachbarn die Aufgabe 1 (Arbeitsauftrag 1).	EA/PA	AB
Erarbeitung 2 (15 Minuten)	SuS tauschen sich über die Bearbeitungsergebnisse und über das, was sie feststellen, aus (Arbeitsauftrag 2).	4er-GA	AB
Sicherung (13 Minuten)	■ SuS präsentieren ihre Ergebnisse. ■ L moderiert.	UG	Dokumentenkamera, Beamer

Vorteile:

■ Durch die leicht geöffnete Aufgabenstellung ist eine natürliche Differenzierung[16] und damit eine Aufgabenbearbeitung auf dem jeweiligen Niveau der Lernenden möglich.

■ Die Aufgabenstellung ermöglicht es, besser an dem Vorwissen und Können der Lernenden anzuknüpfen.

■ Das Wissen und Können der Lernenden wird sowohl in der Breite als auch in der Tiefe – spätestens bei der Präsentation – sichtbar.

■ Aufgrund der zu erwartenden Vielfalt an Lösungen kann hier eine größere mathematische Tiefe erzielt werden.

Nachteile:

■ Lernende können sich der Anforderungssituation leichter entziehen, da alle Bearbeitungsschritte von allen Lernenden gleichzeitig ausgeführt werden.

■ Da die Lernwege und die Lernergebnisse schlechter vorhersagbar sind, wird von der Lehrkraft verlangt, dass sie in der Erarbeitungsphase und in der Sicherungsphase flexibel auf Schüleräußerungen und die Lernergebnisse reagiert.

Anmerkungen: Bei diesem Verlauf müssen die Arbeitsaufträge und Aufgaben umformuliert werden (siehe nachfolgend). Aufgabe 1 ist weiterhin eine geschlossene Aufgabe, die allerdings leicht geöffnet ist. Die Öffnung besteht darin, dass für die Schokoladenmenge keine Werte vorgegeben werden. Durch den Hinweis „Von den Kunden werden in der Regel nicht mehr als 500 g Schokolade gekauft" gibt es eine Einschränkung, damit die Lernenden keine Mengen größer als 500 g betrachten. Im Sinne einer weiteren Öffnung der Aufgabe kann dieser Hinweis auch entfallen. Später ist ggf. eine sinnvolle Höchstgrenze zu vereinbaren.

In der sich anschließenden Stunde oder in einer Doppelstunde kann mit den gleichen Bearbeitungsschritten die Aufgabe 2 bearbeitet werden. Aufgabe 2 ist eine Umkehraufgabe, da nur das Ergebnis und der Weg bekannt sind. Diese Aufgabe kann weiter geöffnet werden, wenn der Hinweis „Erstellt hierzu auch eine Wertetabelle und ein Diagramm" entfällt.

Umformulierte Arbeitsaufträge und Aufgaben

Arbeitsaufträge: Proportionale Zuordnung

1. Bearbeitet die Aufgabe 1. (15 Minuten)

2. Tauscht euch in 4er-Gruppen über eure Ergebnisse aus und schreibt auf, was ihr feststellt. (15 Minuten)

Aufgabe 1

Bei der Schokoladenmanufaktur Moser können Kinder Schokoladenmischungen aus verschiedenen Schokoladenstücken (Vollmilch, Zartbitter, weiße Schokolade, Nougat, Joghurt, Erdbeere) selbst zusammenstellen. 100 g Schokolade kosten 1,20 €.

Erstellt eine Wertetabelle und ein Diagramm, um verschiedene Mengen Schokolade und die dazugehörigen Preise ablesen zu können. Von den Kunden werden in der Regel nicht mehr als 500 g Schokolade gekauft.

Arbeitsaufträge: Antiproportionale Zuordnung

1. Bearbeitet die Aufgabe 2. (15 Minuten)

2. Tauscht euch in 4er-Gruppen über eure Ergebnisse aus und schreibt auf, was ihr feststellt. (15 Minuten)

---

[16] Der Begriff *natürliche Differenzierung* bezeichnet ein Konzept für Aufgabenstellungen. Hier wird den Lernenden eine Aufgabenstellung angeboten, die von ihnen auf unterschiedlichem Niveau bearbeitet werden kann. Allgemein sind die Aufgabenstellungen bei der natürlichen Differenzierung so gestaltet, dass durch sie ein Rahmen gegeben wird, in dem die Lernenden den Schwierigkeitsgrad, die Bearbeitungswege, Hilfsmittel und Darstellungsformen frei wählen können. Solche Aufgabenstellungen ermöglichen individuelle Lernzugänge und Lernwege.

Aufgabe 2

Zeichne möglichst verschiedene Rechtecke mit dem Flächeninhalt 24 cm². Erstelle hierzu auch eine Wertetabelle und ein Diagramm.

c) Medienauswahl

Als Medium werden Arbeitsblätter verwendet, auf denen die Aufgaben und Arbeitsaufträge stehen. Um die betrachtete Unterrichtssituation nicht komplexer werden zu lassen, beschränkt sich die Medienauswahl in diesem Beispiel auf Dokumentenkamera und Beamer. Alternativ könnten die Lernenden ihre Ergebnisse auch auf einer Folie dokumentieren und mittels Overheadprojektor präsentieren. Um Zeit zu sparen, erhalten die Lernenden, die als Erste mit der Bearbeitung fertig sind, die Folie zur Dokumentation. Eine Präsentation durch ein Plakat (z. B. DIN-A3-Format) ist auch möglich. Die für die Plakaterstellung notwendige Zeit ist beim Unterrichtsverlauf einzuplanen.

3.3 Eine Unterrichtseinheit planen und durchführen

In den folgenden Abschnitten wird am Beispiel der Unterrichtseinheit *Geometrische Figuren – Vierecke* in Auszügen dargestellt, wie ausgehend vom Fachcurriculum die sachlogische Abfolge der Unterrichtseinheit erstellt werden kann. Die Erstellung des Selbsteinschätzungsbogens, die Konzeption und Durchführung der Klassenarbeit sowie deren lernförderliche Rückgabe werden an Beispielen mit begleitenden Tipps veranschaulicht.

3.3.1 Die sachlogische Abfolge der Unterrichtseinheit erstellen

In diesem Abschnitt wird die Planung einer Unterrichtseinheit (siehe Abb. 9) in Anlehnung an Sturm (2016, S. 26 – 33) vorgestellt. Der erste Schritt zur Planung ist der Blick in das schulische Fachcurriculum. In der Regel ist hier schon sehr ausführlich festgelegt, welche Themen, Inhalte und Kompetenzen zu welchem Zeitpunkt im Schuljahr zu behandeln sind (siehe *Praxisbeispiel 2: Auszug aus einem schulischen Fachcurriculum einer Realschule Klasse 5*). Als Nächstes wird das Fachcurriculum mit dem eingesetzten Schulbuch abgeglichen, um zu identifizieren, welche Inhalte vom Buch abgedeckt werden und welche über zusätzliches Material abzudecken sind.

Überblick über die mathematischen Inhalte verschaffen

↓

Abgleich mit dem Curriculum vornehmen

Schulisches Fachcurriculum ↔ Schulbuch

↓

Abgleich mit der Lernausgangslage der Lernenden vornehmen

↓

Zeitlichen Rahmen abschätzen

↓

Chronologie der Unterrichtseinheit festlegen

Abbildung 9: Schritte zur Planung einer Unterrichtseinheit in Anlehnung an Sturm 2016, S. 27

TIPP Wenn Sie sich selbst einen Überblick über Inhalte, Aspekte und Struktur des kommenden Unterrichtsgegenstandes verschaffen möchten, können Sie eine Mindmap erstellen. Hier können Sie auch eigene Ideen und mögliche Schüleraktivitäten notieren. Wenn Sie überprüfen möchten, wie gut Ihr Überblick über den kommenden Unterrichtsgegenstand ist, dann erstellen Sie die Mindmap, bevor Sie in das schulische Fachcurriculum schauen.

Die Lernausgangslage kann wie in Kapitel 3.1.1 beschrieben analysiert werden. Hilfreich ist auch der Einsatz *Diagnostischer Aufgaben*[17] oder eines unbewerteten Kurztests (formative Lernstandsfeststellung), um zu erfahren, welches Wissen und Können die Lernenden mitbringen. Durch die Beantwortung der folgenden Fragen kann die Lehrkraft abschätzen, an welchen Stellen der Unterrichtseinheit Wiederholungssequenzen eingeplant werden sollten:

■ Welche Kenntnisse, Fähigkeiten und Fertigkeiten sollen die Lernenden in der kommenden Unterrichtseinheit/-sequenz lernen? (vgl. Abb. 10)

■ Welche Voraussetzungen und welche Kenntnisse, Fähigkeiten und Fertigkeiten bringen die Lernenden mit? (vgl. Abb. 11)

Mithilfe des Fachcurriculums und der Analyse der Lernausgangslage kann eine sachlogische Abfolge der Unterrichtseinheit erstellt werden (vgl. *Praxisbeispiel 3*). Nach vier bis acht Unterrichtsstunden vor einer Klassenarbeit sollten die Lernenden die Möglichkeit erhalten, sich mithilfe eines Selbsteinschätzungsbogens Orientierung über die in der Unterrichtseinheit gelernten Inhalte, Fähigkeiten und Fertigkeiten zu verschaffen und ihre Leistungen selbst einzuschätzen. Der Selbsteinschätzungsbogen als formative Lernstandsfeststellung leitet so in eine Übungsphase ein.

> **TIPP** Planen Sie bei der sachlogischen Abfolge einer Unterrichtseinheit auch einzelne Stunden ein, die Sie als Puffer nutzen können, wenn Sie nicht wie geplant im Unterrichtsgang vorankommen, Wiederholungen nötig werden oder die Lernenden ein weiteres Zeitfenster benötigen, um das Erlernte zu üben.

---

[17] Das Format *Diagnostische Aufgabe* ist eine Aufgabe, die durch die Bearbeitung eines Lernenden dessen Wissen und Können für die Lehrkraft und für den Lerner sichtbar macht. Anders als Lernaufgaben haben diagnostische Aufgaben anderen Anforderungen zu genügen (Leisen 2011, S. 79): „Aufgaben zur Diagnose bringen Lerner zum Handeln und ein auswertbares Produkt hervor, ermöglichen individuelle Bearbeitungswege, sind kurz und leicht auszuwerten, lassen den Kompetenzstand und Vernetzungsgrad von Wissen erkennen, ermöglichen Aussagen über Lernfortschritte, Bearbeitungsstrategien und -geschwindigkeit, ermöglichen Aussagen über die Leistungsfähigkeit, Gewissenhaftigkeit und Anstrengungsbereitschaft, bringen Lerner in einen angstfreien Lernraum und nicht in einen Leistungsraum."

Praxisbeispiel 2: Auszug aus einem schulischen Fachcurriculum einer Realschule Klasse 5 zur Unterrichtseinheit *Geometrische Figuren – Vierecke*

Thema der Unterrichtssequenz	Inhaltsfelder / Inhalte	Kompetenzbereiche / Lernzeitbezogene Kompetenzerwartungen	Materialien
Thema: Geometrische Grundlagen **Leitideen: Raum und Form** **Zeitraum: 1–2 Wochen**			
Figuren	*Ebene Figuren* ■ Parallelogramm, Raute, Rechteck, Quadrat, Trapez ■ kleines Haus der Vierecke ■ Konstruktion von Figuren und Mustern	Die Lernenden *Umgehen mit symbolischen, formalen und technischen Elementen* ■ nutzen angemessen die Werkzeugkiste mit Messgeräten, Geodreieck, *Darstellen* ■ erkennen Grundstrukturen und Grundmuster in der Lebensumwelt wieder und stellen sie sachgerecht dar.	Buch S. 156 – 164 AB 11 Haus der Vierecke
Thema: Flächen **Leitideen: Größen und Messen** **Zeitraum: 2 Wochen**			
Flächeninhalte	*Messvorgänge* ■ Flächeninhalte	Die Lernenden *Darstellen* ■ vergleichen Darstellungen miteinander und bewerten diese.	Buch S. 172 – 180 AB 12 Flächen im Klassenraum messen AB 13 Flächen auf dem Schulhof messen
Flächeneinheiten	*Umgang mit Größen* ■ Flächeneinheiten: km², ha, a, m², dm², cm², mm² ■ Umrechnung von Größen	Die Lernenden *Modellieren* ■ arbeiten innerhalb des gewählten mathematischen Modells.	
Thema: Geometrische Grundlagen **Leitideen: Raum und Form** **Zeitraum: 3 Wochen**			
Flächeninhalt eines Rechtecks	*Ebene Figuren* ■ Flächeninhalt eines Rechtecks ■ Flächeninhalt bzw. Seitenlänge berechnen	Die Lernenden *Umgehen mit symbolischen, formalen und technischen Elementen* ■ deuten Variable als Platzhalter in Gleichungen zur symbolischen Darstellung mathematischer Probleme und von Sachsituationen.	Buch S. 192 – 198
Flächeninhalte verschiedener Figuren	*Ebene Figuren* ■ Figuren in Rechtecke zerlegen ■ Figuren zu einem Rechteck ergänzen ■ Figuren zerlegen und zu einem Rechteck neu zusammensetzen	Die Lernenden *Modellieren* ■ arbeiten innerhalb des gewählten mathematischen Modells. *Kommunizieren* ■ präsentieren, erläutern und überprüfen Arbeitsergebnisse sowie die zugrunde liegenden Überlegungen und Strategien.	Buch S. 204 – 210 AB 14 Komplexe Flächen

Welche Kenntnisse, Fähigkeiten und Fertigkeiten sollen die Lernenden in der kommenden Unterrichtseinheit/ -sequenz lernen?
Thema: Geometrische Grundlagen Die SuS können ■ die Eigenschaften der Figuren Parallelogramm, Raute, Rechteck, Quadrat, Trapez benennen. ■ die Figuren Parallelogramm, Raute, Rechteck, Quadrat, Trapez auf unliniertem Papier, Karopapier und in einem Koordinatensystem zeichnen. ■ das kleine Haus der Vierecke aufzeichnen. ■ die Eigenschaften der Figuren Parallelogramm, Raute, Rechteck, Quadrat, Trapez voneinander abgrenzen und argumentieren, ob z. B. ein Quadrat ein Parallelogramm ist. ■ die Figuren Parallelogramm, Raute, Rechteck, Quadrat, Trapez auf Kunstbildern und Fotos zeigen und benennen.
Thema: Flächen Die SuS können ■ den Flächeninhalt in Abgrenzung zur Seitenlänge zeigen und benennen. ■ rechteckige Flächen (Länge und Breite) im Klassenraum messen. ■ den Flächeninhalt in verschiedene Einheiten umrechnen: km², ha, a, m², dm², cm², mm².
Thema: Geometrische Grundlagen Die SuS können ■ aus den gegebenen Seitenlängen eines Rechtecks den Flächeninhalt berechnen. ■ aus den gegebenen Angaben zu Seitenlänge und Flächeninhalt eine Seitenlänge berechnen. ■ die Formel zur Berechnung des Flächeninhaltes eines Rechtecks angeben, beschreiben, erklären und anwenden. ■ in einfachen Sachsituationen den Flächeninhalt berechnen. ■ verschiedene Figuren in Rechtecke zerlegen und zu Rechtecken ergänzen. ■ Figuren zerlegen und zu einem Rechteck neu zusammensetzen. ■ zur Abschätzung des Flächeninhaltes einer beliebigen Figur diese mit Rechtecken auslegen und über die Einzelflächen den Flächeninhalt der Figur abschätzen.

Abbildung 10: Erfassung der zu lernenden Inhalte in der Unterrichtseinheit *Geometrische Figuren – Vierecke* (vgl. *Praxisbeispiel 2*)

Welche Voraussetzungen und welche Kenntnisse, Fähigkeiten und Fertigkeiten bringen die Lernenden mit?	Wo und wie kann die Wiederholung geschehen?
Thema: Geometrische Grundlagen Die SuS können ■ die Eigenschaften der Figuren Rechteck und Quadrat benennen. ■ die Figuren Rechteck und Quadrat auf Karopapier und in einem Koordinatensystem zeichnen. ■ die Figuren Rechteck und Quadrat auf Kunstbildern und Fotos zeigen und benennen.	Diese Kenntnisse und Fähigkeiten werden im Zusammenhang mit den neuen Figuren wiederholt. Die SuS brauchen viel Zeit, um selbst ein Koordinatensystem mit der Skalierung zu erstellen, deswegen soll bei der Einführung auf das Erstellen von Koordinatensystemen verzichtet werden. Die SuS erhalten entsprechende Kopien.
Thema: Flächen Die SuS können ■ den Flächeninhalt in Abgrenzung zur Seitenlänge zeigen und benennen. ■ rechteckige Flächen (Länge und Breite) messen. ■ Seitenlängen in verschiedene Einheiten umrechnen: km, m, dm, cm, mm. ■ den Flächeninhalt in verschiedene Einheiten umrechnen m², dm², cm², mm².	Viele SuS haben erfahrungsgemäß Schwierigkeiten mit den Umrechnungen, deswegen wird vor den Messungen zusammen mit den SuS auf einem Plakat eine Umrechnungstabelle für die Längen- und eine für Flächeneinheiten erstellt und im Klassenraum ausgehängt. Die im Klassenraum gemessenen Längen werden zur Übung in andere Einheiten umgewandelt. Die berechneten Flächeninhalte werden ebenfalls zur Übung in andere Einheiten umgewandelt.
Thema: Geometrische Grundlagen Die SuS können ■ aus den gegebenen Seitenlängen eines Rechtecks den Umfang und den Flächeninhalt berechnen. ■ in einfachen Sachsituationen den Flächeninhalt berechnen.	Die SuS erstellen für sich in DIN A4 ein Lernplakat mit den wichtigsten Angaben zur Flächenberechnung und zwei bis drei Beispielaufgaben, das sie in ihrem Hefter abheften.

Abbildung 11: Erfassung der Vorkenntnisse und Verortung möglicher Wiederholungen in der Unterrichtseinheit *Geometrische Figuren – Vierecke* (vgl. *Praxisbeispiel 2*)

Praxisbeispiel 3: Sachlogische Abfolge der Unterrichtseinheit *Geometrische Figuren – Vierecke* (Auszug)

Stunde	Thema der Stunde	Die SuS können
1./2.	Verschiedene Vierecke erfinden – Die SuS zeichnen in 4er-Gruppen möglichst viele unterschiedliche Vierecke und klassifizieren diese durch Beschreibung der Eigenschaften. Ziel ist es, pro klassifiziertem Viereck ein Plakat mit den formulierten Eigenschaften zu erstellen.	▪ die Eigenschaften der Figuren Parallelogramm, Raute, Rechteck, Quadrat, Trapez benennen.
3.	Verschiedene Vierecke zeichnen – Als Übung sollen die SuS nach Angaben auf Karopapier und in gegebenen Koordinatensystemen die fünf Figuren zeichnen.	▪ die Figuren Parallelogramm, Raute, Rechteck, Quadrat, Trapez auf (unliniertem Papier,) Karopapier und in einem Koordinatensystem zeichnen.
4.	Das kleine Haus der Vierecke erfinden – Mithilfe der von den SuS erstellten Plakate soll das kleine Haus der Vierecke durch Abgleich und Abgrenzung der figuralen Eigenschaften aufgefunden werden.	▪ das kleine Haus der Vierecke aufzeichnen. ▪ die Eigenschaften der Figuren Parallelogramm, Raute, Rechteck, Quadrat, Trapez voneinander abgrenzen und argumentieren, ob z. B. ein Quadrat ein Parallelogramm ist.
5./6.	Übung und Vertiefung – Als Übung sollen die SuS nach Angaben auf unliniertem Papier die fünf Figuren zeichnen. In einer kooperativen Methode (Partnerpuzzle/Gruppenpuzzle) sollen die SuS auf unliniertem Papier ineinanderliegende Parallelogramme, Rauten, Rechtecke, Quadrate, Trapeze als „Kunstwerk" zeichnen. Die Mit-SuS sollen diese Figuren anschließend identifizieren und benennen (den Namen an die Figur schreiben).	▪ die Figuren Parallelogramm, Raute, Rechteck, Quadrat, Trapez auf unliniertem Papier zeichnen. ▪ die Figuren Parallelogramm, Raute, Rechteck, Quadrat, Trapez auf Kunstbildern und Fotos zeigen und benennen.
7./8.	Längen messen, Längen- und Flächeneinheiten umrechnen – Umrechnungstabelle für Längen- und Flächeneinheiten erstellen und im Klassenraum aushängen, SuS messen in Tandems verschiedene Längen und Flächen aus, Seitenlängen werden in verschiedene Einheiten umgewandelt, SuS berechnen Rechteckflächen durch Multiplikation der beiden gemessenen Seitenlängen, Übungsblatt zur Umrechnung der Flächeneinheiten.	▪ Seitenlängen messen. ▪ Seitenlängen in verschiedene Einheiten umrechnen: km, m, dm, cm, mm. ▪ den Flächeninhalt in verschiedene Einheiten umrechnen km², ha, a, m², dm², cm², mm².
...		
19.–24.	Übung und Wiederholung – SuS erhalten den Selbsteinschätzungsbogen zur Vorbereitung auf die Klassenarbeit.	▪ mithilfe des Selbsteinschätzungsbogens ihre Kenntnisse, Fähigkeiten und Fertigkeiten zur Unterrichtseinheit *Geometrische Figuren – Vierecke* selbstständig einschätzen. ▪ mithilfe des Selbsteinschätzungsbogens und orientiert an ihrer Einschätzung allein oder mit Lernpartnern üben.
25.	Klassenarbeit	
26.	Rückgabe der Klassenarbeit Ausgeteilt werden ▪ die Musterlösung zur Klassenarbeit, ▪ der Selbstanalysebogen zur Klassenarbeit und ▪ ggf. der fachliche Förderplan.	▪ ihre korrigierte Klassenarbeit anhand der Musterlösung und des Selbsteinschätzungsbogens mithilfe des Selbstanalysebogens reflektieren. ▪ Kenntnisse, Fähigkeiten und Fertigkeiten benennen, die sie in den nächsten Wochen wiederholen und üben werden.

3.3.2 Einen Selbsteinschätzungsbogen erstellen

Mit einem Selbsteinschätzungsbogen (vgl. *Praxisbeispiel* 4) werden eher grundlegende Inhalte, Fähigkeiten und Fertigkeiten der Unterrichtseinheit thematisiert und überprüft. Die einzelnen Themen werden stichpunktartig im Kopf aufgezählt. Mit diesen Schlagworten sind die Inhalte im Schulbuch leicht zu finden. Die Kompetenzen sind in Ich-kann-Sätzen formuliert und können aus der Erfassung der zu lernenden Inhalte in der Unterrichtseinheit *Geometrische Figuren – Vierecke* (Abb. 10) übernommen werden. Je nach Jahrgangsstufe besteht ein Selbsteinschätzungsbogen aus fünf bis zwölf Aussagen, sodass die Bearbeitung in ein bis zwei Unterrichtsstunden möglich ist.

Aufgaben, an denen der Inhalt nachvollziehbar erklärt wird, werden als Beispielaufgaben angegeben. Zum Üben werden bereits bearbeitete und neue Aufgaben angegeben. Viele Schulbücher haben am Ende oder auch innerhalb eines Kapitels Testaufgaben (z. B. Bist du fit? Kannst du das noch?) mit Lösungen im hinteren Teil des Schulbuches, die auch für einen Selbsteinschätzungsbogen geeignet sind.

Die Schüler bearbeiten in Einzelarbeit die Beispielaufgabe und ggf. eine Übungsaufgabe, um sich anschließend in eine der drei Kategorien (kann ich gut, kann ich teils-teils, kann ich gar nicht) einzuschätzen. Die Bearbeitung kann auch als Hausaufgabe erfolgen. Damit erhalten die Lernenden konkrete Anregungen für die Übungsphase.

Die Lehrkraft geht herum, um die Selbsteinschätzungsbögen zu sichten, und notiert mit einem Kreuz in einer Tabelle für das Helfersystem (Abb. 12), welcher Lernende sich bei welcher Aussage bei „Kann ich gut" eingestuft hat. Die mit Kreuzen ausgefüllte Übersicht wird im Klassenraum ausgehängt. Benötigen Lernende in der Übungsphase Hilfe oder Unterstützung, so können sie sich an die entsprechenden Mitschüler wenden.

Nun beginnt die eigentliche Übungsphase, in der die Lernenden allein, zu zweit oder in kleinen Gruppen die Aussagen bearbeiten, bei denen sie sich unsicher fühlen. Das Bearbeitungsdatum wird in der Spalte „Nachgeschlagen und geübt am ..." notiert (vgl. Maitzen 2015 und 2017, S. 8 – 11).

TIPP Der erstellte Selbsteinschätzungsbogen gibt Ihnen für die Konzeption der Klassenarbeit eine gute Orientierung, zum einen durch die Ich-kann-Formulierungen bezogen auf die von den Lernenden in der Klassenarbeit zu zeigenden Kompetenzen und zum anderen durch die Übungsaufgaben, die in ähnlicher und abgewandelter Form Eingang in die Klassenarbeit finden können.

TIPP Beobachten Sie die Lernenden bei der Bearbeitung der Aufgaben und beim Üben. Verschaffen Sie sich so einen Überblick über den Lernstand. Diese Informationen helfen Ihnen, den weiteren Unterricht und die Klassenarbeit (ggf. sind bestimmte Aufgaben aus der Klassenarbeit zu nehmen) zu gestalten.

Schülernamen	Aussagennummer								
	1	2	3	4	5	6	7	8	9
Abel, Dilayla	x		x	x	x				
Bauer, Max			x	x			x	x	x
Deuter, Laurina		x		x	x		x		
...									

Abbildung 12: Tabelle für das Helfersystem – Auszug

Praxisbeispiel 4: Selbsteinschätzungsbogen zur Unterrichtseinheit *Geometrische Figuren – Vierecke*

Selbsteinschätzungsbogen zur 3. Klassenarbeit im Fach Mathematik der Klasse 5b im 2. Hj, Sj 18/19

Themen: Ebene Figuren (Parallelogramm, Raute, Rechteck, Quadrat, Trapez), kleines Haus der Vierecke, Längen und Flächeninhalte messen und berechnen, Umwandlung von Längen- und Flächeneinheiten, Figuren in Rechtecke zerlegen und zu einem Rechteck ergänzen sowie zu einem neuen Rechteck zusammensetzen

Name: _____

Lies die Aussagen und bearbeite zur Kontrolle und Vergewisserung einige Aufgaben. Schätze anschließend ein, wie sicher du dich fühlst, und kreuze in der Tabelle an.
Arbeite mit deinen Unterlagen (Heft, Arbeitsblättern, Buch, tägliche Übungen) die Dinge nach, die du noch nicht kannst.

	Aussagen Ich kann ...	Beispiel- aufgaben	Übungs- aufgaben	kann ich gut	kann ich teils- teils	kann ich gar nicht	nachge- schlagen und geübt am:
1	... die Figuren Parallelogramm, Rechteck, Quadrat, Trapez zeichnen und deren Eigenschaften benennen.	Buch S. 156, S. 158	S. 157, Nr. 2, 3, 4, 7 S. 159, Nr. 18, 19, 20				
2	... das kleine Haus der Vierecke aufzeichnen und die Figuren Parallelogramm, Raute, Rechteck, Quadrat, Trapez durch ihre Eigenschaften argumentativ voneinander abgrenzen.	Buch S. 160, AB 11 Haus der Vierecke	S. 161, Nr. 5, 9, 10, 11				
3	... aus den gegebenen Seitenlängen eines Rechtecks den Flächeninhalt berechnen und aus den gegebenen Angaben zu Seitenlänge und Flächeninhalt eine Seitenlänge berechnen.	Buch S. 192, Nr. 3, 5	S. 194, Nr. 12, 15, 17				
4	... gegebene Längen in verschiedene Längeneinheiten umwandeln (km, m, dm, cm, mm).	AB Längeneinheiten umwandeln	S. 175, Nr. 15, 16				
5	... gegebene Flächeninhalte in verschiedene Flächeneinheiten umwandeln (km², ha, a, m², dm², cm², mm²).	AB 12 Flächen im Klassenraum messen, AB 13 Flächen auf dem Schulhof messen	S. 174, Nr. 4, 5, 6 S. 177, Nr. 22, 24, 27				
6	... die Formel zur Berechnung des Umfangs und des Flächeninhaltes eines Rechtecks angeben, beschreiben, erklären und anwenden.	Buch S. 192, S. 193, Nr. 4, 5	S. 193, Nr. 6, 7, 8 S. 195, Nr. 18, 19, 20				
7	... in einfachen Sachsituationen den Flächeninhalt berechnen.	Buch S. 196, Nr. 3, 6, 7	S. 197, Nr. 11, 12				
8	... Figuren in Rechtecke zerlegen und zu einem Rechteck ergänzen sowie zu einem neuen Rechteck zusammensetzen.	Buch S. 204, Nr. 2 AB 14 Komplexe Flächen	S. 206, Nr. 11, 14, 15				
9	... zur Abschätzung des Flächeninhaltes einer beliebigen Figur diese mit Rechtecken auslegen und über die Einzelflächen den Flächeninhalt der Figur abschätzen.	AB 14 Komplexe Flächen	S. 208, Nr. 14, 17, 21				

3.3.3 Eine Klassenarbeit konzipieren

Übersichtsartig werden im Folgenden Aspekte bei der Konzeption, bei der Durchführung und bei der Korrektur einer Klassenarbeit (vgl. *Praxisbeispiel 5: Klassenarbeit zur Unterrichtseinheit Geometrische Figuren – Vierecke*) beschrieben. Bei der Erstellung von Aufgaben können Sie sich an den Aufgaben in den Kapiteln 2.1 und 2.3 orientieren.

Jede Klassenarbeit sollte die drei testtheoretischen Gütekriterien *Objektivität*, *Reliabilität* und *Validität* erfüllen. Die Objektivität ist die Voraussetzung für die Reliabilität und diese Voraussetzung für die Validität. Objektivität bedeutet, dass die Leistungserfassung unabhängig von der Lehrkraft ist, die die Klassenarbeit durchführt, auswertet und bewertet. Die Reliabilität macht eine Aussage darüber, wie zuverlässig die fachliche Leistung ohne störende oder zufällige Einflüsse gemessen wird. Die Validität gibt an, inwieweit die Aufgabe tatsächlich das gewünschte Merkmal, das gemessen werden soll, auch misst. (Drüke-Noe/Schmidt 2015, S. 3)

Es ist klar, dass Lehrkräfte keine ausgebildeten Testaufgabenersteller sind. Allerdings ist es möglich, durch die Beachtung einiger Aspekte Klassenarbeiten so zu konzipieren, dass ein möglichst hoher Grad an Objektivität, Reliabilität und Validität erreicht wird.

Bei der Konzeption einer Klassenarbeit zu beachtende Aspekte (vgl. auch Sturm 2016, S. 75 f.):

▦ Nicht alle Inhalte und erlernte Kompetenzen müssen abgefragt werden, d. h., nicht alle Aussagen des Selbsteinschätzungsbogens müssen in der Klassenarbeit vorkommen.

▦ Es sollten verschiedene Aufgabenformate (geschlossene und offene Aufgaben, Begründungs-, Problem- und Umkehraufgaben) und Darstellungsformen (Graph, Tabelle, Bild, Text, Symbolik) enthalten sein.

▦ Gleiche Kompetenzen und Inhalte sollten nicht mehrfach abgefragt werden, damit die Aufgabenauswahl ausgewogen bleibt. Ähnliche Inhalte können allerdings methodisch geändert abgeprüft werden (z. B. zeichnerisch, rechnerisch, erklärend, begründend, durch eine Umkehraufgabe). Die Tabelle zur kriterialen Konzeption einer Klassenarbeit (vgl. *Praxisbeispiel 6* und Material 6 auf S. 98) kann helfen, die Klassenarbeit ausgewogen zu gestalten. Zu jeder Teilaufgabe wird erfasst, welche allgemeine mathematische Kompetenz (K1 bis K6) zur Bearbeitung benötigt wird und in welchem Anforderungsbereich (AFB) diese Kompetenz erforderlich ist. Weitere Merkmale können sein: inner-/außermathematischer Kontext, Schwierigkeitsgrad, Grad der Offenheit, Anzahl der geforderten Lösungswege. Es können aber auch andere Merkmale in der Tabelle ergänzt werden. (Drüke-Noe/Schmidt 2015, S. 7)

▦ Die Aufgabenformulierung (Arbeitsauftrag, Operator, Fragestellung) sollte eindeutig und nicht anders zu verstehen sein (Reliabilität), damit mit dieser Aufgabe tatsächlich nur das gewünschte Merkmal, das gemessen werden soll, auch erfasst wird (Validität).

▦ Da in Schulbüchern Operatoren eher selten verwendet werden, sollten im Unterricht Aufgabenformulierungen mit Operatoren eingesetzt werden. Die Aufgabenformulierungen in der Klassenarbeit sollten den Lernenden vertraut sein.

▦ Die Aufgabenstellung sollte für die Lernenden verständlich und angemessen formuliert sein (kurze, nicht verschachtelte Sätze, ggf. verwendete Begriffe erklären, möglichst kurze Texte). Dies gilt im Besonderen für die unteren Jahrgangsstufen und Lerngruppen mit überwiegend schwachen Lernern.

▦ Einzelne Aufgabenteile sollten voneinander unabhängig sein und nicht aufeinander aufbauen, d. h., in einer nachfolgenden Teilaufgabe soll nicht mit dem Ergebnis der vorhergehenden Teilaufgabe weitergearbeitet werden. Es kann jedoch ein Zwischenergebnis angegeben werden, mit dem weitergearbeitet wird und mit dem die Teilaufgaben entkoppelt werden.

▦ Aufgabenstellungen mit Teilaufgaben sind auch optisch übersichtlich zu strukturieren.

▦ Die verwendete Schriftgröße sollte gut lesbar sein (z. B. Arial, 12 Punkt).

▦ Die Klassenarbeit sollte so gestaltet sein, dass mit den ersten Aufgaben Grundkompetenzen (AFB I) abgeprüft werden. Schwache Lerner können sich so gut in eine Klassenarbeit hineinfinden. Das Gefühl „schon einige Punkte abgearbeitet zu haben" stärkt das Zutrauen, auch die anderen Aufgaben zu bewältigen. Aufgrund des Ermüdungseffektes der Lernenden sollten schwere Aufgaben im mittleren Teil und am Schluss wieder einfachere Aufgaben platziert werden.

▦ Bei schwierigen Aufgaben kann ein Hinweis auf das zu benutzende Verfahren oder das zu wählende Vorgehen angegeben werden.

- Auf unnötige Zeitfresser sollte verzichtet werden. Das heißt, je nach Jahrgangsstufe und Schwerpunkt der Klassenarbeit sollte auf das Anfertigen von Skizzen, Tabellen sowie Koordinatensystemen und das Abschreiben von Gleichungen verzichtet werden.

- Die Anfertigung der Musterlösungen in Schülernotation mit einer kleinschrittigen Punktevergabe ist Teil der Konzeption einer Klassenarbeit (siehe *Praxisbeispiel 7*).

- Entsprechend den Anforderungsbereichen sollten ca. 40 % der Bewertungseinheiten durch reproduktive Aufgaben (AFB I), ca. 50 % durch leichte Transfer- bzw. Reorganisationsaufgaben (AFB II) und ca. 10 % der Bewertungseinheiten durch Transferaufgaben (AFB III) erreicht werden können (vgl. *Praxisbeispiele 5 und 6*).

- Für die kleinste Teilleistung sollte ein Punkt[18] vergeben werden (z. B. eine einzelne Umformung einer Gleichung, Skalierung einer Koordinatenachse, Ansatz beim Dreisatz). Die kleinste Bewertungseinheit kann ein halber Punkt sein, eine kleinere Einheit sollte nicht gewählt werden, da hierdurch die Addition der Punkte erschwert wird (vgl. S. 94, Arbeitsblatt 2, Proportionale Zuordnung: Pro richtig angegebenem Wertepaar in der Tabelle gibt es einen halben Punkt, d. h. für die richtig ausgefüllte Tabelle insgesamt 4 Punkte).

- Die bei einer Aufgabe vergebene Wertung sollte proportional zu der Bearbeitungszeit und nicht zum Schwierigkeitsgrad der Aufgabe vergeben werden. Die Wertung der schweren Aufgaben sollte auch proportional zu der Bearbeitungszeit erfolgen.

- Die Zeit zur Aufgabenbearbeitung sollte richtig und realistisch eingeschätzt werden. Exemplarisch kann die Bearbeitungszeit während der Unterrichtszeit ermittelt werden. Oder die eigene Bearbeitungszeit wird mit einem Faktor multipliziert, der zu der ungefähren Bearbeitungszeit der Lernenden führt (Klasse 5/6: Faktor 4 – 6; Klasse 7/8: Faktor 3 – 5; Klasse 9/10: Faktor 2 – 4).

- Insgesamt sollte eine Klassenarbeit so konzipiert sein, dass ein durchschnittlicher Lerner etwa drei Viertel der zur Verfügung stehenden Zeit zur Bearbeitung der Aufgaben und ein Viertel zur Kontrolle und Durchsicht der bearbeiteten Aufgaben hat. Das heißt, bei 45 Minuten beträgt die Bearbeitungszeit eines durchschnittlichen Lerners ca. 34 Minuten.

- Falls die Aufgabenbearbeitung auf dem Aufgabenblatt erfolgen soll, ist hierfür genügend Platz vorzusehen. Lernende der unteren Jahrgangsstufen schreiben besonders groß, ggf. sollte die Rückseite ebenfalls zur Aufgabenbearbeitung zur Verfügung stehen.

- Inhalte vorhergehender Unterrichtseinheiten können beispielsweise als erste Aufgaben im Umfang von ca. 15 – 20 % der Bewertungseinheiten einer Klassenarbeit aufgenommen werden. Diese Inhalte sollten sich auch im Selbsteinschätzungsbogen wiederfinden.

- Da in vielen Fällen 26 – 32 Schüler nebeneinandersitzend die Klassenarbeit schreiben, ist es von Vorteil, zwei Versionen der Klassenarbeit zu erstellen. Um die Vergleichbarkeit sicherzustellen, reicht es in der Regel aus, andere Zahlen zu verwenden, die Reihenfolge der Aufgaben zu variieren oder andere, aber vergleichbare Aufgabenformate zu verwenden.

> **TIPP** Erstellen Sie bei der Planung einer Unterrichtseinheit eine Übersicht der zu lernenden Inhalte in Form von Die-SuS-können-Formulierungen (vgl. Abb. 10). Nutzen Sie diese Formulierungen zur Erstellung des Selbsteinschätzungsbogens und zur Auswahl der Aufgaben für die Klassenarbeit.

> **TIPP** Erstellen Sie die Klassenarbeit etwa eine Woche vor dem Termin der Klassenarbeit, legen Sie die Arbeit zwei oder drei Tage zur Seite, um die Aufgabentexte dann noch einmal kritisch zu lesen. In der Regel fallen Ihnen missverständliche Formulierungen, fehlende Angaben und Ungenauigkeiten auf, die Sie noch beheben können.

> **TIPP** Fällt im Nachhinein auf, dass eine Aufgabenstellung auch anders zu verstehen war, sollte die nicht erwartete Schülerantwort als richtig bewertet werden.

---

[18] Die Worte *Punkt* und *Bewertungseinheit* (BE) werden als Einheit der Wertung einer Aufgabe synonym verwendet.

Bei der Durchführung einer Klassenarbeit zu beachtende Aspekte (vgl. auch Sturm 2016, S. 76 f.):

■ Die Tische (zwei Lernende sitzen nebeneinander an einem Tisch) beispielsweise in drei Reihen hintereinanderstellen, sodass alle Lernenden in eine Richtung schauen.

■ Die nebeneinandersitzenden Lernenden sollten auf dem Tisch einen Sichtschutz stehen haben, um das Abgucken zu vermeiden.

■ Der Austausch von Taschenrechnern (mit Speicherfunktion) und Formelsammlungen sollte aufgrund möglicher Täuschungsversuche nicht gestattet werden.

■ Besonders in den ersten und letzten 10 Minuten der Bearbeitungszeit sind Lernende anfälliger für Täuschungsversuche, deswegen sollte in diesen Zeiten die körperliche Präsenz der Lehrkraft im Raum hoch sein und verdächtige Bewegungen und Handlungen der Lernenden möglichst nonverbal unterbunden werden.

■ Sollen die Lernenden die Aufgabenbearbeitung auf dem Aufgabenblatt vornehmen, dann sollten die Lernenden darauf hingewiesen werden, ihren Namen auf das Aufgabenblatt zu schreiben. Im eigenen Interesse ist es ggf. hilfreich, durch die Bankreihen zu gehen und sich davon zu überzeugen, dass die Namen auf das Aufgabenblatt geschrieben wurden.

■ Während der Klassenarbeit fragen die Lernenden die Lehrkraft nach Hinweisen oder fordern Bestätigungen (z. B. Habe ich das so richtig gemacht? Stimmt das Ergebnis? Habe ich das so richtig verstanden?). Weil die Schüler gleich zu behandeln sind, werden Hinweise und Tipps nur allen Lernenden gegeben.

■ Fällt während der Klassenarbeit auf, dass eine Information fehlt oder fehlerhaft ist, dann wird sie für alle sichtbar an die Tafel geschrieben.

■ Während der Bearbeitungszeit sollten die Lernenden nur einzeln zur Toilette gehen.

TIPP Erkundigen Sie sich bei der Klassenleitung, welchem Lerner welcher Nachteilsausgleich bei der Bearbeitung einer Klassenarbeit durch Konferenzbeschluss gewährt wird (z. B. Aufgabenstellung wird zum besseren Lesen auf DIN A3 vergrößert, für den geschriebenen Text wird zusätzlich eine 20-minütige Korrekturzeit eingeräumt, der Aufgabentext wird dem Lerner von der Lehrkraft vorgelesen, es wird eine um 20 Minuten längere Bearbeitungszeit eingeräumt).

TIPP Teilen Sie die Klassenarbeit mit dem Hinweis aus, dass die Lernenden sofort ihren Namen auf das Blatt schreiben sollen und nun 5 Minuten Zeit haben, alle Aufgabenstellungen zu lesen, damit sie anschließend ihre Fragen zu den Aufgaben stellen können. Im Anschluss beantworten Sie die Fragen der Lernenden, im weiteren Verlauf werden von Ihnen allerdings keine weiteren Fragen mehr beantwortet.

Bei der Korrektur einer Klassenarbeit zu beachtende Aspekte (vgl. Sturm 2016, S. 77 f.):

■ Werden die Klassenarbeiten aufgabenweise korrigiert, d. h. erst die Aufgabe 1 bei allen Arbeiten, dann die Aufgabe 2 usw., schleichen sich weniger Fehler ein und die Punktevergabe erfolgt gerechter und objektiver. Als Lehrkraft behält man so besser den Überblick, wofür welche Punkte vergeben wurden. So kann auch leichter auf äquivalente Schülerlösungen reagiert werden, die man selbst noch nicht im Blick hatte. Eventuell ist auch eine Verschiebung der Bepunktung nötig, da die Lernenden Rechenschritte gemacht haben, die in der eigenen Musterlösung in Schülernotation nicht vorhanden sind.

■ Gelegentlich ist es für die korrigierende Lehrkraft frustrierend zu sehen, welche Aufgaben und wie viele Aufgaben falsch gelöst wurden. Das aufgabenweise Korrigieren der Klassenarbeiten verhindert die Verschiebung des Bewertungsmaßstabes und sorgt für eine gerechte und objektive Punktevergabe.

■ Im ersten Schritt können die bei der Aufgabenbearbeitung erzielten Punkte mit Bleistift neben die bearbeitete Aufgabe geschrieben werden. Erst wenn alle Klassenarbeiten korrigiert sind, werden die erzielten Punkte mit dem Rotstift geschrieben. Dieses Vorgehen beugt einer Verbesserung der eigenen Korrektur vor, falls sich im Verlauf der Korrektur Änderungen bei der Bepunktung ergeben haben. Gleichzeitig werden die erzielten Punkte in die Übersicht Punkteverteilung (vgl. Abb. 13) übertragen, um später die Note zu berechnen.

- Bei einem Rechenfehler, Flüchtigkeitsfehler oder der Verwendung einer falschen Zahl wird nur ein halber Punkt abgezogen. Bei Folgefehlern erfolgt kein erneuter Punktabzug. Treten kleine Fehler gehäuft auf, können pauschal auch ein bis zwei Punkte abgezogen werden.

- In der eigenen Musterlösung in Schülernotation (vgl. *Praxisbeispiel 7*) sollte dokumentiert werden, wofür genau wie viele Punkte abgezogen werden (z. B. Ergebnis falsch gerundet, mit der falschen Zahl weitergerechnet, Schreibweise, vergessenes Gleichheitszeichen) und wie groß der Genauigkeitsbereich ist (z. B. Winkelabweichung von einem Grad, Längengenauigkeit von einem Millimeter), bei dem noch die volle Punktzahl vergeben wird. Wird eine längere Rechnung mit einer falschen Zahl richtig ausgeführt, so werden die Punkte für das Rechenverfahren gegeben. Nur für die Verwendung der falschen Zahl wird ein halber Punkt abgezogen.

- Fällt im Nachhinein auf, dass eine Aufgabe zu schwer oder nicht lösbar war, dann wird sie nicht gestrichen, sondern das Bewertungsschema modifiziert. Beispielsweise werden für die Aufgabenbearbeitung Punkte vergeben, die Aufgabe allerdings aus der Bewertung genommen. Die erarbeiteten Punkte sind dann Sonderpunkte.

Schülernamen	1/6 BE	2/6 BE	3/8 BE	4/9 BE	5/8 BE	6/4 BE	BE gesamt/ 41 BE	Anteil in %	Note
Abel, Dilayla	3	4,5	3,5	1	8	3	23	56,1	4+
Bauer, Max	6	6	5,5	6,5	8	3,5	35,5	86,6	2+
Deuter, Laurina	6	2,5	4,5	-	2,5	0	15,5	37,8	5
Drexler, Harmony	...								
...									

Abbildung 13: Übersicht Punkteverteilung der Klassenarbeit zur Unterrichtseinheit *Geometrische Figuren – Vierecke* (Auszug)

TIPP Das Korrigieren einer Klassenarbeit ist eine Tätigkeit, bei der die Lehrkraft sehr konzentriert arbeiten muss. Legen Sie regelmäßig (alle ein bis zwei Stunden) eine kleine Pause ein, um sich anschließend wieder auf das Korrigieren fokussieren zu können.

TIPP Erkundigen Sie sich vor der Erstellung einer Klassenarbeit bei der Fachschaft Mathematik, ob es Vorgaben (z. B. Fachkonferenzbeschluss, Empfehlung oder Vorlagen) für den Notenschlüssel gibt. Viele Notenschlüssel sind ähnlich wie der in Abb. 14. Für die Leistung ausreichend wird in der Regel die Hälfte der Bewertungseinheiten verlangt.

Note	1+	1	1–	2+	2	2–	3+	3	3–	4+	4	4–	5+	5	5–	6
minimal zu erreichender Anteil der Bewertungseinheiten in Prozent	97	95	90	85	80	75	70	65	60	55	50	45	40	31	22	0

Abbildung 14: Notenschlüssel

Praxisbeispiel 5: Klassenarbeit zur Unterrichtseinheit *Geometrische Figuren – Vierecke*

3. Klassenarbeit im Fach Mathematik der Klasse 5b im 2. Hj, Sj 18/19

1	2	3	4	5	6

Durchschnittsnote:

Name: _____

Punkte: _____   Note der Arbeit: _____

Mündliche Note (Stand 19.02.2019):

_____
Unterschrift (erziehungsberechtigte Person)

---

1. Gib jeweils den Namen und die Eigenschaften des Vierecks an.

   a)    b)    c)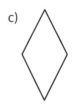

   / 6 Punkte

2. Wandle in die angegebene Einheit um.

   a) 4,6 m = _____ cm   b) 2 345 mm = _____ dm   c) 876 543 km = _____ m

   d) 1 456 cm² = _____ m²   e) 32,09 dm² = _____ cm²   f) 457 608 ha = _____ km²

   / 6 Punkte

3. a) Zeichne ein Koordinatensystem (2 Kästchen ≙ 1 Einheit), sodass auf beiden Achsen für sieben Einheiten Platz ist.
   b) Trage die Punkte A(1|1), B(4|1), C(6|6), D(3|6) ein und verbinde sie.
   c) Gib den Namen der gezeichneten Figur an.

   / 8 Punkte

4. a) Gib an, welche Aussage wahr bzw. falsch ist. Begründe deine Entscheidung.
      Aussage I: Ein Quadrat ist keine Raute.
      Aussage II: Ein Rechteck ist auch ein Trapez.
   b) Anna behauptet: „Eine Raute ist kein Parallelogramm und es gibt keine Raute, die auch ein Rechteck ist." Beurteile die Behauptung von Anna unter der Angabe von Gründen.

   / 9 Punkte

5. a) Zeichne auf dem unlinierten extra Blatt das Rechteck mit den Seitenlängen a = 58 mm, b = 74 mm.
   b) Gib die Formel zur Berechnung des Umfangs an und berechne den Umfang.
   c) Gib die Formel zur Berechnung des Flächeninhalts an und berechne den Flächeninhalt.

   / 8 Punkte

6. Fußballfelder müssen mindestens 90 m lang und 45 m breit sein. Sie dürfen aber nicht länger als 120 m und nicht breiter als 90 m sein. Berechne den Unterschied des Flächeninhalts zwischen dem größtmöglichen und dem kleinstmöglichen Fußballfeld.

   / 4 Punkte

Praxisbeispiel 6: Tabelle zur kriterialen Konzeption der Klassenarbeit zur Unterrichtseinheit Geometrische Figuren – Vierecke[19]

AFB	argumentieren			Probleme lösen			modellieren			Darstellungen verwenden			symbolisch/ formal/ technisch arbeiten			kommunizieren			Kontext		Einschätzung der Schwierigkeit		
Aufgaben	I	II	III	I	II	III	I	II	III	I	II	III	I	II	III	I	II	III	inner-/außer-mathematisch		leicht / mittel / schwierig		
1																x			x		x		
2													x							x	x		
3a										x									x		x		
3b											x								x		x		
3c										x									x		x		
4a		x																	x			x	
4b			x													x			x				x
5a										x				x						x	x		
5b														x						x		x	
5c													x							x		x	
6				x																x		x	

[19] Tabelle zur kriterialen Konzeption einer Klassenarbeit nach Drüke-Noe/Schmidt 2015, S. 6

Praxisbeispiel 7: Musterlösung in Schülernotation der Klassenarbeit zur Unterrichtseinheit
Geometrische Figuren – Vierecke

1. a) Trapez 1   Zwei Seiten sind parallel zueinander. 1
   b) Rechteck 1   Benachbarte Seiten stehen senkrecht
      aufeinander. 1
   c) Raute 1   Alle 4 Seiten sind gleichlang. 1

2. a) 460 cm   b) 23,45 dm   c) 876 543 000 m
   d) 0,1456 m²   e) 3209 cm²   f) 4576,00 km²   je 1

3.

je Eckpunkt 0,5 : 2
Punkte verbinden 1
Parallelogramm 1
je beschriftete Achse 2 : 4

4. a) I: falsch 1   Ein Quadrat ist eine Raute, da wie bei
      einer Raute alle 4 Seiten gleich lang sind. 1
   II: falsch 1   Da beim Rechteck benachbarte Seiten
      senkrecht aufeinander stehen, kann
      ein Rechteck kein Trapez sein. 1
   b) Behauptung: Eine Raute ist kein Parallelogramm.
      Diese Behauptung ist richtig (1), da beim Parallelo-
      gramm gegenüberliegende Seiten parallel zueinander
      sind und dies bei der Raute nicht so ist. (1)

Behauptung: Es gibt keine Raute, die auch ein Rechteck ist.

Diese Behauptung ist falsch (1), da ein Quadrat sowohl eine Raute (alle 4 Seiten sind gleich lang) (1) als auch ein Rechteck ist (benachbarte Seiten stehen senkrecht aufeinander). (1)

5. a)

$a = 58\,mm$

$b = 74\,mm$

je Seite 0,5 : 2

Seiten nicht rechtwinklig −0,5

b) $u = 2(a+b)$ 1

$u = 2(58\,mm + 74\,mm) = 2 \cdot 132\,mm = 264\,mm$

c) $A = a \cdot b$ 1

$A = 58\,mm \cdot 74\,mm = 4292\,mm^2$

NR $\dfrac{58 \cdot 74}{406}$

$+ \dfrac{232}{4292}$

NR $\dfrac{90 \cdot 45}{360}$

$+ \dfrac{450}{4050}$

NR $\dfrac{120 \cdot 90}{10800}$

6. kleinstes Feld: $90\,m \cdot 45\,m = 4050\,m^2$ (0,5) 1

grötes Feld: $120\,m \cdot 90\,m = 10800\,m^2$ (0,5) 1

Differenz: $10800\,m^2$

$- \dfrac{4050\,m^2}{6750\,m^2}$ 1

3.3.4 Eine Klassenarbeit lernförderlich zurückgeben

Damit eine Klassenarbeit von den Lernenden nicht allein als Abschluss einer Unterrichtseinheit wahrgenommen wird, sondern vielmehr als Meilenstein in einem längeren Lernprozess, sollte das Lernergebnis der Klassenarbeit produktiv genutzt werden. Mit der Rückgabe der Klassenarbeit erhalten die Lernenden von der Lehrkraft eine Rückmeldung zu ihrer derzeitigen mündlichen Leistung (siehe den Kopf der Klassenarbeit im *Praxisbeispiel 5*). Weiter erhalten die Schüler eine Musterlösung mit der Aufgabenbepunktung (siehe *Praxisbeispiel 7*) und den Selbstanalysebogen (siehe *Praxisbeispiel 8*), den sie als Hausaufgabe bearbeiten.

Durch den Selbsteinschätzungsbogen (*Praxisbeispiel 4*) vor der Klassenarbeit (Lernen planen) und den Selbstanalysebogen nach der Klassenarbeit (Lernen bewerten) ist der Lernprozess für die Lernenden an zwei Stellen durch die Nutzung einer metakognitiven Strategie flankiert. Traditionell endet eine Unterrichtseinheit mit einer Klassenarbeit. In der Regel wird eine Berichtigung der fehlerhaften Aufgaben angefertigt, indem eine Musterlösung abgeschrieben wird. Offenkundige Probleme bleiben so aber unbeachtet und unbearbeitet liegen. Mit dem Einsatz des Selbstanalysebogens ist das Ziel verbunden, die Lernenden über die Auseinandersetzung mit ihrem Lernprozess dazu zu bewegen, nach der Klassenarbeit weiterzulernen. Gut organisierte und selbstständige Lernende nehmen den Analysebogen dankend an und bearbeiten diesen teilweise sehr ausführlich. Bei schwachen Lernern sollten die Stärken und das, was gut funktioniert, mehr in den Vordergrund gerückt werden. Hier wirken ermutigende Kommentare bei der korrigierten Klassenarbeit unterstützend. Realistische Ziele (Punkt 5 des Selbstanalysebogens, *Praxisbeispiel 8*) sowie Schwerpunkte für die Wiederholung (Punkt 6) fokussieren die Aufmerksamkeit und ermöglichen Erfolgserlebnisse.

Werden die ausgefüllten Selbstanalysebögen von der Lehrkraft gelesen und die Schülertexte mit Fragen oder Anregungen versehen, so werden die Lernenden durch diesen Schreibdialog zu einer tieferen Auseinandersetzung mit ihrem Lernprozess animiert und die Texte gewürdigt. Gleichzeitig erfährt die Schüler-Lehrer-Beziehung hierdurch eine Stärkung. Bei dem Schreibdialog ist es nicht wichtig, den Bogen lückenlos auszufüllen und möglichst viele Punkte anzusprechen. Vielmehr sollte die Lehrkraft auf die von den Lernenden genannten Aspekte eingehen, Bestätigungen und Anregungen geben. Offen formulierte Fragen regen die Lernenden zum Schreiben an. Geschlossene Fragen erzeugen kurze Antworten und verhindern eher ein intensives Nachdenken (vgl. Maitzen 2019).

> TIPP Um von den Schülern eine Rückmeldung zu erhalten, wie sie ihre mündliche und schriftliche Leistung derzeit einschätzen, lassen Sie diese Einschätzung von den Lernenden vor der Rückgabe der Klassenarbeit neben dem Schülernamen auf einem kleinen Zettel notieren. Besteht eine Abweichung von einer oder mehreren Notenstufen zwischen Schüler- und Lehrkräfteeinschätzung (Abgleich der Selbst- und Fremdwahrnehmung), so ist dies Anlass für ein Gespräch beispielsweise über Kriterien, Beobachtungen und Möglichkeiten zur Verbesserung. Bis auf wenige Ausnahmen liegen häufig die Selbst- und Fremdwahrnehmung sowohl der mündlichen als auch der schriftlichen Leistungen sehr nahe beieinander (Maitzen 2012, S. 56).

Um die Lernenden bei einem drohenden Leistungsversagen im Fach Mathematik zu stützen und zu fördern, kann ihnen in den Fällen, in denen die Note der Klassenarbeit mangelhaft oder ungenügend ist, ein fachlicher Förderplan (siehe *Praxisbeispiel 9* und Material 7 auf S. 99) gegeben werden. Der fachliche Förderplan wird im Sinne einer kooperativen Förderplanung in Absprache mit dem Lernenden ausgefüllt, insbesondere die Punkte *vorliegende Beeinträchtigungen, bereits durchgeführte Fördermaßnahmen, Stärken* und *Lernausgangslage im Unterricht*. Um vor allem Lernende mit größeren Lücken nicht zu überfordern, sollten nur drei bis vier zentrale Themen wiederholt und gefestigt werden. Die Formulierungen können an den Ich-kann-Formulierungen des Selbsteinschätzungsbogens angelehnt werden. Für die Bearbeitung des Förderplans hat der Lernende ca. vier Wochen Zeit. Mit der Klassenarbeit erhält der Lernende zwei Kopien des Förderplans, hiervon wird eine nach der Bearbeitungszeit von den Eltern unterschrieben an die Lehrkraft zurückgegeben und in der Schülerakte abgeheftet. Das Original des Förderplans verbleibt bei der Fachlehrkraft, eine Kopie geht an die Klassenleitung (vgl. Maitzen 2018b, S. 94).

Neben dem fachlichen Förderplan kann ergänzend ein stärkenorientiertes Fördergespräch (Maitzen 2014) mit Lernenden geführt werden. Ausgehend von den Stärken des Lerners werden ein oder zwei mögliche realistische Ziele formuliert und im Verlauf des Gespräches ergründet, wie es sich anfühlt, das Ziel erreicht zu haben, wie es gelungen ist und was dabei geholfen hat. Mit diesem systemisch-lösungsorientierten Ansatz wird ein möglicher realistischer Weg mit oder ohne Unterstützung erarbeitet und eine erste Teillösung gefunden.

Praxisbeispiel 8: Selbstanalysebogen zur Klassenarbeit zur Unterrichtseinheit *Geometrische Figuren – Vierecke*

Selbstanalysebogen zur 3. Klassenarbeit im Fach Mathematik, 5b, 2. Hj, Sj 18/19

Name: _____

Dieser Bogen soll dir helfen, deine Stärken zu fördern und aus deinen Fehlern zu lernen.
Sei ehrlich zu dir selbst und fülle die sieben Teile sorgfältig und gewissenhaft aus.

1. Diese Aufgaben habe ich gut gekonnt: ....
   Sie sind mir gelungen, weil ...

2. Bei diesen Aufgaben .... habe ich eigentlich gewusst, was zu machen ist,
   aber ...

3. Hier gab es Probleme ...., weil ...

4. Der Vergleich mit dem Selbsteinschätzungsbogen ergibt, dass ich mich

   bei den Aufgaben .... unterschätzt,

   bei den Aufgaben .... richtig eingeschätzt und

   bei den Aufgaben .... überschätzt habe.

5. Reflexion über das eigene Lernen. Welche Ziele hattest du für die Klassenarbeit?

   Welche Ziele hast du erreicht?

6. Das sollte ich noch einmal wiederholen/üben:

7. Dort hole ich mir ggf. Hilfe:

_____   _____   _____
Datum   Unterschrift Schüler/-in   Unterschrift Erziehungsberechtigte/-r

Praxisbeispiel 9: Fachlicher Förderplan zur Klassenarbeit zur Unterrichtseinheit *Geometrische Figuren – Vierecke*[20]

Fachlicher Förderplan	(Original beim Fachlehrer/-in, 1 Kopie an Klassenlehrer/-in, 2 Kopien an Schüler/-in, unterschriebene Kopie in die Schülerakte)
Förderplan für das Fach Mathematik	**nach der Klassenarbeit Nr. 3** **Datum 26.02.2019**
Name: Laurina Deuter	**Klasse 5b** **Fachlehrer/-in: Herr Fehling**

Vorliegende Beeinträchtigungen: Laurina hat eine leichte Lese-Rechtschreib-Schwäche, die im Wesentlichen beim Lesen und Schreiben längerer Texte zum Vorschein kommt. Bereits durchgeführte Fördermaßnahmen: Fachlicher Förderplan zur 2. Klassenarbeit, Laurina und ihre Freundin Ayda haben sich drei Mal zum Lernen für die 3. Klassenarbeit getroffen.

Die Stärken von Laurina sind, sich regelmäßig im Unterricht zu melden und ihr Heft ordentlich und übersichtlich zu führen.

Lernausgangslage im Unterricht: Laurina meldet sich zwar regelmäßig im Unterricht und bemüht sich, die Inhalte zu verstehen, allerdings benötigt sie zusätzliche Übungen und Zeit, um die Inhalte zu festigen.

Zur Sicherung ihres/seines Lernerfolgs erhält die Schülerin/der Schüler einen Förderplan für das Fach Mathematik. Die zu wiederholenden Themengebiete ergeben sich aufgrund der Klassenarbeit (schriftliche Lernausgangslage). Die jeweiligen Lernzeiten und Orte sind von der entsprechenden Aufsichtsperson bzw. der Schülerin/dem Schüler in der Tabelle mit Datum und Ort einzutragen.

Mögliche Lernorte können die **schulische Hausaufgabenbetreuung, schulisch oder privat organisierte Nachhilfe, Eigenarbeit zu Hause mit oder ohne Eltern** sein. Der ausgefüllte Förderplan muss dem Fachlehrer/der Fachlehrerin in **vier Wochen**, am 19.03.2019, unaufgefordert vorgelegt und erläutert werden.

Bitte geben Sie den **unterschriebenen Förderplan** an die Lehrkraft zurück. **Unterschrift Erziehungsberechtigte/-r:** _____

Außerunterrichtliche Maßnahmen: Wiederholung und Festigung folgender Themen/Kompetenzen:	Lernzeiten und Orte							Selbsteinschätzung der Schülerin/des Schülers nach Abschluss des Förderplans: ☺ sicher und zügig ☺ geht so ☹ noch unsicher
	Datum/ Ort	Datum/ Ort	Datum/ Ort	Datum/ Ort	Datum/ Ort	Datum/ Ort	Datum/ Ort	
Gegebene Flächeneinheiten in verschiedene Flächeneinheiten umwandeln								
Die Figuren Parallelogramm, Raute, Rechteck, Quadrat, Trapez zeichnen								
Die Formel zur Berechnung des Umfangs und des Flächeninhaltes eines Rechtecks angeben, beschreiben, erklären und anwenden								

Was kannst du selbst tun?		**Weitere Hinweise der Lehrkraft:**
	Arbeitsmaterial …	Benutze die auf dem Selbsteinschätzungsbogen angegebenen Übungsaufgaben zum Nacharbeiten.
x	Hausaufgaben … regelmäßig und gründlich bearbeiten	
	Konzentration/Aufmerksamkeit …	
	Arbeitstempo …	
x	Mitarbeit im Unterricht … verstärken	

[20] In Anlehnung an den fachlichen Förderplan der Ziehenschule, Frankfurt am Main. Siehe auch Maitzen 2018b, S. 98.

3.4 Weiterführende Literatur

Bezogen auf das Referendariat gibt es eine Vielzahl von Büchern, die sich mit der Unterrichtsplanung beschäftigen. Exemplarisch werden hier drei zur Planung von Unterricht angegeben.

Die Planung von Unterricht aus der Sicht der zweiten Phase der Lehrkräfteausbildung

Roland Sturm (2016, S. 10 – 25) beschreibt anhand der Schritte der Unterrichtsplanung (vgl. Abb. 5) den Planungsprozess, der in dem vorliegenden Buch in Kapitel 3 in leicht reduzierter Form dargestellt wird. Henrik Kratz (2001, S. 128 – 146) beschreibt die kompetenzorientierte Unterrichtsplanung anhand eines komplexeren Planungsschemas (S. 129) ausgehend von der Bedingungsanalyse über die didaktische Analyse (Auswahl und Begründung neuer Inhalte und zu entwickelnder Kompetenzen, Sachanalyse, Kompetenzanalyse, Zielsetzungen) zur konkreten Unterrichtsgestaltung (Inhalte, Methoden, Medien und Darstellungsebenen). Von besonderem Interesse sind die auf der beiliegenden CD enthaltenen Videos von Unterrichtssequenzen: Klasse 6 zum Thema *Addition und Subtraktion von Dezimalbrüchen*: Arbeitsauftrag, Arbeitsphase, Präsentationsphase; Einführungsphase zum Thema *Hinführung zur Tangentensteigung*: Partnerarbeit, Unterrichtsgespräch; Einführungsphase zum Thema *Entdeckung von Wendestellen*: Arbeitsauftrag.

Die Planung von Unterricht aus der Sicht der Fachdidaktik Mathematik

Barzel, Holzäpfel, Leuders und Streit (2011) beschreiben aus Sicht der Mathematikdidaktik, wie Unterricht geplant und reflektiert werden kann. Mit vielen Aufgaben, Unterrichtsbeispielen, Übersichten und Tabellen untermauert werden aus der Perspektive der Didaktik Standardsituationen, die systematische Planung, die schriftliche Unterrichtsplanung, die Planbarkeit des Lehrerverhaltens, Unterrichtsbeobachtungen und der Blick auf den eigenen Unterricht behandelt.

Im deutschsprachigen Raum gibt es derzeit zwei fachdidaktische Mathematikzeitschriften „mathematik lehren" und „Mathematik 5 – 10" beide vom Friedrich Verlag, in denen aus der Perspektive der Fachdidaktik und des Unterrichts unterrichtsspezifische Aspekte der Sekundarstufe I thematisiert und unterrichtsnah beschrieben werden. Auf diese beiden und die „Zeitschrift Praxis der Mathematik in der Schule. Sekundarstufen I und II[21]" beziehen sich die folgenden Hinweise.

Beschreibung einer Unterrichtseinheit

Unter Einbeziehung des Blickwinkels Inklusion beschreiben Maitzen und McCoy (2017) eine Unterrichtseinheit zur Prozent- und Zinsrechnung über 18 Unterrichtsstunden in einer achten Klasse mittels sachlogischer Abfolge der Unterrichtseinheit, Selbsteinschätzungsbogen und differenzierter Klassenarbeit auf drei Niveaus. Die Erarbeitungsschritte in leistungsheterogenen Schülergruppen werden exemplarisch aufgezeigt und beschrieben.

Beschreibung der Instrumente *Selbsteinschätzungsbogen* und *Selbstanalysebogen*

Maitzen/Fischer (2015) beschreiben, wie Lernende mithilfe der Instrumente *Selbsteinschätzungsbogen*, *Partneraufgaben*, *Selbstanalysebogen* und *Nachtest* vor und nach dem Schreiben einer Klassenarbeit ihre Selbstwirksamkeit stärken und mehr Verantwortung für ihren Lernprozess übernehmen.
Wie Lernende mithilfe des Selbstanalysebogens im Anschluss an einer Klassenarbeit ihren Lernprozess reflektieren, wird in Maitzen (2019) beschrieben.
Eine differenzierte Darstellung der verschiedenen Formen eines Selbsteinschätzungsbogens ist bei Maitzen (2017) und weitere Beschreibungen des Einsatzes sind bei Reiff (2006 und 2008) zu finden. Axel Müller stellt auf seiner Internetseite (www.mister-mueller.de) eine Vielzahl von Selbsteinschätzungsbögen frei zur Verfügung.

Klassenarbeiten erstellen

Wie eine differenzierte Klassenarbeit für Lernende auf dem Grund- und Erweiterungskursniveau aussieht, beschreibt Koepsell (2011). Eine Klassenarbeit einer Integrierten Gesamtschule auf drei Niveaus ist bei Maitzen/McCoy (2017) zu finden. Lämmerhirt und Klapp (2011) beschreiben eine Klassenarbeit auf zwei Anforderungsniveaus, einem Basisteil, verbindlich für alle Schüler, und einem Erweiterungsteil mit komplexeren Aufgaben. Bepunktungsbeispiele sind bei Sturm (2016, S. 81 – 83) zu finden.

---

[21] Die Zeitschrift wurde 2017 eingestellt.

◼ 4 Methoden

Die Anzahl der Methoden, die im Unterricht einsetzbar sind, ist groß. Als besonders förderlich für den Lernprozess gelten kooperative Lernmethoden. Zum einen berücksichtigen kooperative Methoden die Selbstbestimmungstheorie der Motivation von Deci und Ryan (1993). Sie eröffnen Freiräume für eigenständige Lerntätigkeit und gewährleisten Rückmeldungen zum Lernprozess sowie zu Lernprodukten. Zum anderen ermöglichen kooperative Methoden sowohl das Lernen in homogenen wie heterogen Kleingruppen als auch die gezielte Übernahme von Verantwortung für alle, die am Lernprozess beteiligt sind. Nicht alle Methoden sind sinnvoll im Mathematikunterricht umsetzbar. Geeignet sind beispielsweise:

- ◼ etwas aufwendigere Methoden: Gruppenpuzzle, Sammeln-Ordnen-Strukturieren, Mindmap, Cluster, Portfolio, Stationenzirkel
- ◼ universelle Methoden: Partnerpuzzle, Ich – Du – Wir, Mathequiz, Placemat, Schreibgespräch, Tandemübung
- ◼ Methoden zum Festigung von Begriffen: Lernprotokoll, Was bin ich?, Steckbrief

> **TIPP** Ob der Methodeneinsatz funktioniert, hängt u. a. vom Unterrichtsinhalt, der Lerngruppe und nicht zuletzt von der Lehrkraft ab. Erweitern Sie Ihr Methodenrepertoire schrittweise. In der Unterrichtspraxis sind etwa sechs bis acht Methoden ausreichend.

Im Folgenden werden ausgewählte Methoden, die sich im Mathematikunterricht bewährt haben, in den Aspekten *Beschreibung, Durchführung, Anmerkungen, Einsatzmöglichkeiten, Vorteile* und *Material* dargestellt.

4.1 Methoden im Mathematikunterricht

4.1.1 Partnerpuzzle

Beschreibung

Im ersten Schritt erarbeiten sich jeweils zwei Lernende als Experten neues Wissen und dokumentieren dies. Im zweiten Schritt tauschen sich zwei Experten – jeder ist Experte auf seinem Wissensgebiet – anhand ihrer Dokumentation wechselseitig aus. Eine weitere Erarbeitung kann sich anschließen. Das Partnerpuzzle ist eine kooperative Methode.

Durchführung

Phase	Unterrichtsgeschehen	Sozialform
1. Anleiten und Aufgabe stellen (ca. 5 Minuten)	◼ L erklärt den methodischen Ablauf und teilt Aufgabenstellung aus. ◼ L organisiert Partnerpuzzle und hängt Liste der Paare aus.	UG
2. Erarbeitung in Expertenrunde (Zeit je nach Arbeitsauftrag)	◼ SuS erarbeiten die Lerninhalte im Tandem und dokumentieren ihre Ergebnisse.	PA
3. Austausch in Erklärungsphase und ggf. weitere Erarbeitung (Zeit je nach Arbeitsauftrag)	◼ SuS erklären sich im Tandem wechselseitig anhand der erstellten Dokumentation ihre Inhalte. ◼ SuS erarbeiten ggf. weitere Lerninhalte. ◼ SuS dokumentieren ihre Ergebnisse ggf. auf einem Plakat.	PA
4. Ergebnisse präsentieren	◼ SuS präsentieren nacheinander ihre Ergebnisse.	UG

Anmerkungen

- Die Aufgabenstellung sollte auf ein Arbeitsblatt geschrieben werden.

- Die Lernenden sollten in der Expertenrunde ausreichend Zeit haben, den Arbeitsauftrag vollständig zu bearbeiten. Eventuell sind Hilfen nötig (z. B. Hilfekarten, unterstützende Zusatzinformationen).

- Falls die Lernenden feste Lernpartner haben, können die Lernenden in der Expertenrunde mit diesen arbeiten. Die Tandems für die Erklärungsphase können gelost oder durch die Lehrkraft festgelegt werden.

Einsatzmöglichkeiten

Das Partnerpuzzle eignet sich für Lerninhalte, die in zwei zeitlich gleich umfangreiche Arbeitspakete aufgeteilt werden können. Sind es mehr als zwei gleich umfangreiche Arbeitspakete, dann wird aus dem Partnerpuzzle das Gruppenpuzzle. Möglichkeiten des Einsatzes sind:

- arbeitsteilige Erarbeitung eines Lerngegenstandes (vgl. Kapitel 3.2 Praxisbeispiel: Planung einer Unterrichtsstunde)

- Systematisierung von Erkundungen: Die Erkundungen führen zum selben mathematischen Objekt oder Verfahren. In der Expertenrunde werden die Erkundungen durchgeführt, in der Erklärungsphase werden die Erkundungen ausgetauscht und gemeinsame Strukturen gesucht. Beide Expertengruppen erhalten dieselbe Aufgabe.

  Beispielaufgabe für das Modell *Ziehen mit / ohne Zurücklegen* (vgl. auch Aufgabe 5):

  Aufgabe 31
  Eine Urne enthält acht weiße und zwölf schwarze Kugeln. Es wird zweimal nacheinander eine Kugel zufällig entnommen. Untersuche, auf welche Arten die Kugeln entnommen werden können und welchen Einfluss diese Arten auf die Wahrscheinlichkeit haben, nacheinander zwei weiße Kugeln P(ww) bzw. eine schwarze und eine weiße Kugel P(sw) zu ziehen.

Vorteile

- hohe Aktivierung der Lernenden
- tiefere Durchdringung des Lerngegenstandes durch wechselseitiges Erklären
- Förderung der Ausdrucksfähigkeit durch das wechselseitige Erklären
- Verantwortungsübernahme für den eigenen Lernprozess und den des anderen

Material

- Arbeitsblatt mit Aufgabenstellung
- Material für die Präsentation (Papier, Folien, Stifte)

4.1.2 Gruppenpuzzle

Synonym werden auch die Begriffe *Expertenmethode* und *Jigsaw* verwendet. Informationen und Erläuterungen allgemeiner Art sind im Methodenpool von Kersten Reich (URL: http://methodenpool.uni-koeln.de) und speziell für den Mathematikunterricht bei Barzel / Büchter / Leuders (2007, S. 96 – 103) zu finden.

4.1.3 Ich – Du – Wir

Vgl. auch Barzel / Büchter / Leuders (2007, S. 118 – 123)

Beschreibung

Im ersten Schritt bearbeiten alle Lernenden in Einzelarbeit dieselbe Aufgabenstellung und dokumentieren ihre Ideen, Lösungswege und Ergebnisse. Im zweiten Schritt tauschen sich die Lernenden mit einem Partner aus (z. B. dem Sitznachbarn). Wechselseitig stellen sie sich ihre Ideen, Lösungswege und Ergebnisse vor und arbeiten gemeinsam an der Aufgabenstellung weiter. Im dritten Schritt werden die Ergebnisse der Klasse präsentiert. Die Methode kommt aus dem Dialogischen Lernen[22].

Durchführung

Phase	Unterrichtsgeschehen	Sozialform
1. Anleiten und Aufgabe stellen (ca. 5 Minuten)	▪ L erklärt den methodischen Ablauf. ▪ L teilt Aufgabenstellung aus.	UG
2. Ich-Phase (Zeit je nach Arbeitsauftrag)	▪ SuS bearbeiten allein die Aufgabenstellung und dokumentieren ihre Ideen, Lösungswege und Ergebnisse.	EA
3. Du-Phase (Zeit je nach Arbeitsauftrag)	▪ SuS stellen sich wechselseitig ihre Ideen, Lösungswege und Ergebnisse vor und vergleichen diese. ▪ SuS stellen Nachfragen. ▪ SuS bearbeiten gemeinsam die Aufgabenstellung weiter.	PA
4. Wir-Phase	▪ SuS präsentieren nacheinander ihre Ideen, Lösungswege und Ergebnisse.	UG

Anmerkungen

▪ Die Aufgabenstellung muss so offen formuliert sein, dass keine Hilfen nötig sind und alle Lernenden – auch die schwächsten – auf ihrem Niveau die Aufgabenstellung bearbeiten können.

▪ Die Lernenden sollten in der Ich-Phase ausreichend Zeit haben, die Aufgabenstellung vollständig zu bearbeiten und individuelle Bezüge zu ihrem Vorwissen herzustellen.

▪ Nach der Du-Phase kann eine Phase eingefügt werden, in der jeweils zwei Tandems ihre Ideen, Lösungswege und Ergebnisse abgleichen und eine gemeinsame Präsentation vorbereiten.

Einsatzmöglichkeiten

Für die „Ich – Du – Wir"-Methode sind Aufgaben geeignet, die verschiedene Bearbeitungswege oder Lösungen haben und die einen niederschwelligen Einstieg ermöglichen. Es eignen sich z. B. die Aufgaben 4, 5, 6 und 12. Gut geeignet sind auch Aufgaben mit abgestuften Arbeitsaufträgen, wie das folgende Beispiel zur Erarbeitung der Flächenformel für Trapeze zeigt (vgl. Ulm 2004, S. 23):

Aufgabe 32

Ich-Phase

a) Zeichne möglichst verschiedenartige Vierecke, bei denen zwei der vier Seiten zueinander parallel sind, in dein Heft.

b) Erfinde einen Namen für solche Vierecke.

c) Bestimme den Flächeninhalt der von dir gezeichneten Vierecke.

d) Entwickle eine allgemeine Methode, wie sich der Flächeninhalt solcher Vierecke möglichst einfach berechnen lässt. Notiere deine Überlegungen in dein Heft.

Du-Phase

e) Erkläre deine bisherigen Überlegungen deinem Nachbarn. Diskutiert gemeinsam über eure Ergebnisse und arbeitet eure Resultate zu einer gemeinsamen Lösung aus.

Wir-Phase

f) Stellt eure Überlegungen und Resultate im Klassenteam euren Mitschülern vor. Ordnet auch die Präsentationen der anderen Gruppen in eure Arbeit ein.

---

[22] Das Dialogische Lernen ist ein von den Didaktikern Urs Ruf (Deutschdidaktik) und Peter Gallin (Mathematikdidaktik) entwickeltes Unterrichtskonzept. Das Lehren und Lernen wird nach dem Muster eines Dialogs organisiert und unter dem Gesichtspunkt von Angebot und Nutzung betrachtet. Im Zentrum steht der Blick darauf, wie die Lernenden das Unterrichtsangebot der Lehrkraft nutzen. Die Beiträge der Lernenden werden als neues Angebot verstanden, an denen der weitere Unterricht anknüpft. Siehe auch URL: https://www.lerndialoge.ch (abgerufen am 06.01.2019).

Vorteile

■ hohe Aktivierung der Lernenden

■ Differenzierung nach Lerntempo

■ Anknüpfung an Vorwissen

Material

■ Material für die Präsentation (Papier, Folien und Stifte)

4.1.4   Mathequiz

Vgl. auch Barzel/Büchter/Leuders (2007, S. 142–147)

Beschreibung

Die Lernenden erstellen selbst Fragen und Antworten für das Quiz (z. B. zu jeder Frage nur eine oder vier mögliche Antworten). Vor der Durchführung werden die Regeln vereinbart. Mögliche Fragen, die zu klären sind:

■ Wer ist Quizmaster (Lehrkraft oder Lernende)?

■ Wer ist Schiedsrichter oder Jurymitglied (Lehrkraft oder Lernende)?

■ Wer spielt wie mit wem (Lernende einzeln oder in Gruppen)?

■ Wie viel Zeit gibt es zur Beantwortung der Frage?

■ Was passiert, wenn die Antwort falsch ist?

■ Wie werden die Punkte verteilt?

Durchführung

Phase	Unterrichtsgeschehen	Sozialform
1. Regeln klären	■ L erklärt den methodischen Ablauf. ■ L moderiert die Verabredung der Spielregeln und des Themenbereiches für das Quiz.	UG
2. Quizkarten erstellen (Zeit je nach Thema und Klasse)	■ SuS erstellen die Fragen und Antworten für die Quizkarten.	PA/GA
3. Durchführung (Zeit je nach Thema und Klasse)	■ SuS spielen das Spiel nach den vereinbarten Regeln.	EA in GA
4. Auswertung (Zeit je nach Thema und Klasse)	■ SuS bearbeiten die nicht gelösten Fragen.	GA

Anmerkungen

■ Bei der Formulierung der Fragen sollte u. a. beachtet werden, dass

  • die Fragen verständlich formuliert sind,

  • zwischen leichten und schweren Fragen unterschieden wird,

  • die Antwort ohne Hilfsmittel (Taschenrechner, Zeichnung etc.) gegeben werden kann,

  • Falschantworten als Antwortalternative plausibel sind.

Einsatzmöglichkeiten

Am Ende einer Unterrichtseinheit zur Wiederholung und zum Üben, auch als Teil der Vorbereitung auf eine Klassenarbeit, kann ein Quiz gut eingesetzt werden. Bereits vorhandene Quizkarten zu zurückliegenden Inhalten können als Wiederholung, zum Auffrischen oder als Aktivierung des einmal Gelernten zur Vorbereitung auf die kommende Unterrichtseinheit eingesetzt werden.

Vorteile

- ▥ individuelle Auseinandersetzung mit den verstandenen Inhalten
- ▥ Anknüpfung an das Wissen
- ▥ individuelle Schwerpunktsetzung möglich
- ▥ das produzierte Material für das Quiz ist mehrfach einsetzbar

Material

- ▥ dickeres Papier für die Quizkarten (Fragen und Antworten)

4.1.5   Placemat

Vgl. auch Barzel / Büchter / Leuders (2007, S. 152 – 155)

Beschreibung

Placemat oder Platzdeckchen ist eine Gruppenarbeit, die aus dem kooperativen Lernen kommt. Jeweils vier Lernende erhalten ein vorbereitetes Platzdeckchen (z. B. DIN-A3-Papier, siehe rechts) und notieren zu einer Frage oder Aufgabe ihre Ideen, ihre Einfälle und ihr Wissen.

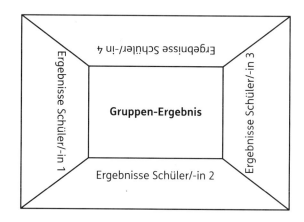

Durchführung

Phase	Unterrichtsgeschehen	Sozialform
1. Anleiten und Aufgabe stellen (ca. 5 Minuten)	▥ L teilt 4er-Gruppen ein und erklärt den methodischen Ablauf. ▥ L teilt Platzdeckchen und Aufgabenstellung aus.	UG
2. eigene Ideen, Ergebnisse aufschreiben (Zeit je nach Arbeitsauftrag)	▥ SuS schreiben, ohne miteinander zu reden, ihre eigenen Ideen bzw. Ergebnisse auf ihr Feld.	EA in GA
3. Ideen, Ergebnisse der anderen lesen (Zeit je nach Arbeitsauftrag)	▥ SuS drehen das Platzdeckchen schrittweise dreimal, sodass jeder Lernende, ohne mit den anderen zu reden, die Ideen, Ergebnisse der anderen lesen kann.	EA in GA
4. Austausch und gemeinsame Ideen, Ergebnisse aufschreiben (Zeit je nach Arbeitsauftrag)	▥ SuS besprechen die einzelnen Ideen und Ergebnisse. ▥ SuS stellen ggf. Nachfragen. ▥ SuS einigen sich auf die wichtigsten Ideen und Ergebnisse und schreiben diese in das mittlere Feld.	GA
5. Ergebnisse präsentieren	▥ SuS präsentieren nacheinander ihre Ideen und Ergebnisse. ▥ ggf. Placemats im Raum aushängen	UG

Anmerkungen

- ▥ Die Aufgabenstellung kann an die Tafel geschrieben werden.
- ▥ Die Lernenden sollten ausreichend Zeit haben, ihre Ideen und Ergebnisse aufzuschreiben, da dies eine produktive Phase ist.

Einsatzmöglichkeiten

a) Einstieg in ein Thema, um offenzulegen, welches Vorwissen die Lernenden zum Thema mitbringen

Mögliche Arbeitsaufträge:

- Schreibt auf, was euch zum Begriff *Winkel* einfällt.
- Schreibt auf, was euch zur Prozentrechnung einfällt.

b) Ideen zur Lösung von Aufgaben finden (siehe Aufgabe 6)

Mögliche Arbeitsaufträge:

- Welche Ideen habt ihr zum Lösen der Aufgabe?
- Findet möglichst viele verschiedene Lösungswege.

c) Zur Sicherung des Gelernten am Ende einer Unterrichtsstunde oder Unterrichtssequenz

Mögliche Arbeitsaufträge:

- Schreibt auf, was ihr gelernt habt.
- Schreib für die heutige Unterrichtsstunde eine passende Überschrift auf und beschreibe dann in zwei bis drei Sätzen, was du gelernt hast.

Vorteile

- hohe Aktivierung der Lernenden
- Differenzierung nach Lerntempo
- Anknüpfung an Vorwissen
- individuelle Schwerpunktsetzung möglich

Material

- Vorlage Placemat in DIN A3
- Material für die Präsentation (Papier, Folien und Stifte)

4.1.6 Portfolio

Informationen und Erläuterungen allgemeiner Art sind im Methodenpool von Kersten Reich (URL: http://methodenpool.uni-koeln.de) und speziell für den Mathematikunterricht bei Barzel/Büchter/Leuders (2007, S. 156–159) zu finden.

4.1.7 Sammeln – Ordnen – Strukturieren

Vgl. auch Barzel/Büchter/Leuders (2007, S. 184–191)

Beschreibung

Das Sammeln, Ordnen und Strukturieren u. a. von Begriffen, Verfahren, Lösungs- und Konstruktionsweisen, Regeln und Beispielen lässt sich gut durch Clustern und Mindmaps vornehmen. Beim Clustern werden einzelne Elemente eher nach Nähe und Verbindungen einander zugeordnet und weniger nach Strukturelementen. Bei der Mindmap werden einzelne Elemente nach bestimmten Zusammenhängen in Beziehung gesetzt und die Beziehungen durch Linien verdeutlicht. Bei der Erstellung einer Mindmap sollten folgende Fragen beachtet werden (Barzel/Büchter/Leuders 2007, S. 190):

- „Was sind die wichtigsten Kärtchen? ... Nahe an die Mitte!
- Was ist eine Überschrift/ein Oberbegriff? ... Weiter nach innen!
- Was ist nur ein Beispiel/etwas Spezielles? ... Weiter nach außen!
- Was hängt wovon ab? ... Einen Pfeil malen!
- Was gehört zusammen? ... Einen Kreis darumzeichnen!
- Was ist besonders wichtig? ... Farbe einsetzen!
- Was lässt sich gut bildlich darstellen? ... Ein Bild malen/einkleben!"

Durchführung

Phase	Unterrichtsgeschehen	Sozialform
1. Anleiten und Thema festlegen	■ L erklärt den methodischen Ablauf. ■ L legt das zu bearbeitende Thema fest.	UG
2. Sammeln (ca. 15 Minuten)	■ SuS sammeln Begriffe, Verfahren, Lösungs- und Konstruktionsweisen, Regeln und Beispiele und notieren diese auf Karten.	EA/PA
3. Ordnen, Strukturieren (ca. 20 Minuten)	■ SuS ordnen die Karten und begründen die Ordnungsversuche. ■ SuS strukturieren die Karten und diskutieren die Zusammenhänge, die visualisiert werden können, und formulieren Überschriften, Unter- und Oberbegriffe. ■ SuS visualisieren die Verbindungen zwischen den Karten.	GA
4. Ergebnisse präsentieren (Zeit je nach Thema und Klasse)	■ SuS präsentieren nacheinander ihre Ergebnisse. ■ Mindmaps und Cluster im Raum aushängen.	UG

Anmerkungen

■ Die gesammelten Begriffe, Verfahren, Lösungs- und Konstruktionsweisen, Regeln und Beispiele sollten möglichst knapp auf den DIN-A6-Blättern notiert werden.

■ Die Begriffe können den Lernenden von der Lehrkraft auch vorgegeben werden, dann entfällt die Phase *Sammeln*. Die Lernenden ergänzen dann beispielsweise Verfahren, Regeln und Beispiele.

■ In der Phase *Ordnen, Strukturieren* sollten die Lernenden in Gruppen von maximal vier oder fünf Lernenden arbeiten, damit keine zusätzliche Zeit für die Kommunikation benötigt wird.

Einsatzmöglichkeiten

Am Anfang einer Unterrichtseinheit kann mit Clustern oder Mindmaps gearbeitet werden, um die Vorerfahrungen der Lernenden zum Thema und ihr bisheriges Wissensnetz sichtbar zu machen. Mögliche Arbeitsaufträge:

■ Bei einer Zahlbereichserweiterung (z. B. $\mathbb{Q}$, $\mathbb{R}$): „Welche Arten von Zahlen kennt ihr bereits? Was kann man damit machen?" (Barzel/Büchter/Leuders 2007, S. 187)

■ Vor der Einführung von Winkeln an Geradenkreuzungen: Was wisst ihr bereits über das Thema Winkel? Gebt auch Beispiele an.

Am Ende einer Unterrichtseinheit kann am besten mit einer Mindmap gearbeitet werden, um einen Überblick über das Gelernte zu erhalten. Mögliche Arbeitsaufträge:

■ Zum Abschluss der Einheit *Prozent- und Zinsrechnung*: Was hast du zur Prozent- und Zinsrechnung gelernt? Schreibe auch Beispielaufgaben auf.

■ Zur Vorbereitung auf die Klassenarbeit: Erstelle eine Mindmap zu den Inhalten der kommenden Klassenarbeit.

Vorteile

■ Vorwissen und Vorstellungen der Lernenden aktivieren

■ Anhand der erstellten Mindmap wird sichtbar, was die Lernenden meinen gelernt zu haben.

■ Die erstellte Mindmap ist zur Vorbereitung auf die Klassenarbeit nutzbar.

■ Mithilfe der Mindmap kann Wissen strukturiert werden.

Material

■ ca. 200 DIN-A6-Blätter

■ Plakate und Kleber

4.1.8 Lernprotokoll

Vgl. auch Bruder / Leuders / Büchter (2008, S. 66 – 69)

Beschreibung

Ein Lernprotokoll ist ein diagnostisches Instrument und besteht aus vier Fragestellungen, die Anlass für Reflexionen sind und ein tieferes Verständnis fördern (Bruder / Leuders / Büchter 2008, S. 68):

- „Das Einstiegsbeispiel der Unterrichtsreihe in Worten beschreiben (Worum geht es?)
- Eine Grundaufgabe und ihre Umkehrung formulieren und lösen"
- „Wo kann man das neue Verfahren / den Satz / Begriff anwenden und wo nicht? (Sinn- und Sachbezug herstellen)
- Welche typischen Fehler können auftreten?"

Hinweise zur Aufgabenkonstruktion:

- Das Lernprotokoll beschränkt sich auf zentrale Fragen des Themas.
- Grund- und Umkehraufgaben können zu dem Thema formuliert werden.
- Der Alltags- bzw. typische Anwendungsbezug zu dem Themengebiet kann im Lernprotokoll hergestellt werden.
- Der Komplexitätsgrad und der Ausführungsaufwand sollten niedrig sein, damit auch schwache Lerner die Aufgaben bearbeiten können.

Durchführung

Phase	Unterrichtsgeschehen	Sozialform
1. Anleiten	▪ L erklärt den methodischen Ablauf.	UG
2. Bearbeitung (ca. 15 Minuten)	▪ SuS bearbeiten die Fragestellungen schriftlich.	EA
3. Vergleich mit einer Musterlösung (ca. 10 Minuten)	▪ SuS vergleichen zu zweit oder in kleinen Gruppen anhand einer Musterlösung ihre Bearbeitungen. ▪ L verschafft sich durch Herumgehen einen Überblick über den Leistungsstand.	GA
4. Besprechung (ca. 10 Minuten)	▪ SuS stellen Nachfragen. ▪ L erkundigt sich nach Besonderheiten bzw. stellt Fragen, um den Leistungsstand zu ergründen.	UG

Anmerkungen

- Das Lernprotokoll kann auch als Hausaufgabe bearbeitet werden.
- Die Lehrkraft kann das Lernprotokoll auch einsammeln und den Lernenden Hinweise zur Verbesserung des Lernstandes (z. B. Wiederholungsaufgaben, nochmaliges Durcharbeiten von Beispielaufgaben) geben.

Einsatzmöglichkeiten

- Das Lernprotokoll wird nach der Einführung (z. B. in der fünften Unterrichtsstunde der Einheit) und den ersten Übungen bzw. vor den vertiefenden Übungen eingesetzt. Es soll der Lehrkraft und den Lernenden den aktuellen Lernstand anzeigen und dadurch helfen, das Ausgangsniveau zu sichern.

Beispiel 15: Lernprotokoll zur proportionalen Zuordnung

Aufgabe 33

1. Beschreibe, wie der Preis für verschiedene Mengen Schokolade berechnet werden kann, wenn die Zuordnung 100 g $\mapsto$ 1,20 € gegeben ist.

2. a) Die Zuordnung 1 kg $\mapsto$ 4,50 € für den Preis der Apfelsorte Rubinette ist gegeben. Erstelle das zugehörige Diagramm.

   b) Gib für das Diagramm rechts die Zuordnungsvorschrift an.

3. Wann kann die proportionale Zuordnung angewendet werden und wann nicht? Gib jeweils ein Beispiel an.

4. Welche typischen Fehler können passieren, wenn man die proportionale Zuordnung zur Berechnung benutzt?

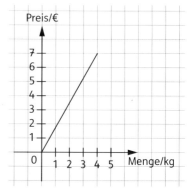

Vorteile

- Vorstellungen der Lernenden aktivieren
- das aktuell Gelernte überprüfen
- über mögliche Anwendungen und typische Fehler reflektieren

Material

- –

4.1.9 Schreibgespräch

Vgl. auch Barzel / Büchter / Leuders (2007, S. 192 – 199)

Beschreibung

Alle Lernenden bearbeiten gleichzeitig schriftlich dieselbe Aufgabe. Auf einem leeren Blatt beginnend schreibt jeder Lernende seine Ideen und Überlegungen zur Lösung der Aufgabe leserlich auf und notiert hierzu seinen Namen. Nach einer gewissen Zeit wird das Blatt weitergereicht. Der Empfänger liest das Geschriebene und setzt die Bearbeitung der Aufgabe fort. Dies geschieht alles, ohne dass die Lernenden miteinander reden.

Durchführung

Phase	Unterrichtsgeschehen	Sozialform
1. Anleiten und Aufgabe stellen (ca. 5 Minuten)	▦ L erklärt den methodischen Ablauf und teilt Aufgabenstellung aus.	UG
2. Schreiben (ca. 30 Minuten)	▦ Jeder Lernende schreibt seine Ideen und Überlegungen leserlich auf. ▦ Das beschriebene Blatt wird weitergereicht. ▦ Jeder Lernende bearbeitet zwei bis drei beschriebene Blätter.	EA in GA
3. Auswerten (ca. 15 Minuten)	▦ SuS diskutieren die Bearbeitungen. ▦ SuS fassen die Bearbeitungen zusammen.	GA
4. Präsentation (Zeit je nach Thema und Klasse)	▦ SuS präsentieren ihre Ergebnisse.	UG

Anmerkungen

- Die Aufgabenstellung kann an der Tafel notiert werden.
- Die erste Schreibphase sollte lange genug dauern (ca. 8 – 12 Minuten), damit die Lernenden sich in die Aufgabenstellung hineindenken sowie erste Ideen und Überlegungen ausformulieren können. Die nachfolgenden Schreibphasen sind in der Regel kürzer (ca. 6 – 8 Minuten).

- Es sollten mindestens drei bis vier Schreibphasen durchgeführt werden.
- Das Schreibgespräch kann in einem Tandem, einer 3er-, 4er- oder auch 5er-Gruppe durchgeführt werden. Größer sollte die Gruppe allerdings nicht sein, da in der Auswertungsphase über die Bearbeitung diskutiert wird.

Einsatzmöglichkeiten

Eine Aufgabe ist für ein Schreibgespräch geeignet, wenn der Einstieg niederschwellig ist, damit auch schwache Lerner etwas aufschreiben können und vielfältige Bearbeitungen möglich sind. Besonders geeignet sind Fermi-Aufgaben (siehe Aufgabe 6, für Klasse 5 – 7, Büchter u. a. (2007), für Klasse 8 – 10 Büchter u. a. (2011)). Das Schreibgespräch kann auch genutzt werden, um gemeinsam Merksätze und Definitionen zu entwickeln oder Umkehraufgaben (siehe Aufgaben 25 und 26) zu lösen. Mögliche Arbeitsaufträge für Umkehraufgaben:

- Entwirf eine Grundfigur für eine Parkettierung und erzeuge mit der Grundfigur das Parkett.
- Finde möglichst viele Parabeln mit dem Scheitel S(-3|2). Notiere die Parabelgleichung.
- Finde möglichst viele Gleichungen mit der Lösung $x = 2$.

Vorteile

- hohe Aktivierung der Lernenden
- Vorwissen und Vorstellungen der Lernenden aktivieren

Material

- DIN-A4-Blätter

4.1.10 Stationenzirkel

Synonym werden auch die Begriffe *Lernen an Stationen*, *Lernzirkel*, *Lernwerkstatt* und *Lerntheke* verwendet. Informationen und Erläuterungen allgemeiner Art sind im Methodenpool von Kersten Reich (URL: http://methodenpool.uni-koeln.de) und speziell für den Mathematikunterricht bei Barzel/Büchter/Leuders (2007, S. 198 – 207) zu finden.

4.1.11 Steckbrief

Vgl. auch Barzel/Büchter/Leuders (2007, S. 208 – 211)

Beschreibung

Viele mathematische Objekte (z. B. geometrische Körper und Figuren, Funktionsgraphen nach Zahl und Lage ausgezeichneter Punkte und Terme nach ihrer Bauart) können durch ausgewählte Eigenschaften klassifiziert werden. Die Lernenden formulieren mögliche Eigenschaften der vorgegebenen Objekte in Form eines Steckbriefs. Anschließend kann diskutiert werden, ob die Steckbriefe ausführlich genug, vollständig oder auch nützlich sind.

Durchführung

Phase	Unterrichtsgeschehen	Sozialform
1. Anleiten und Aufgabe stellen (ca. 5 Minuten)	▪ L erklärt den methodischen Ablauf. ▪ L teilt mehrere Objekte (Karten mit Abbildungen) aus.	UG
2. Schreiben (ca. 15 Minuten)	▪ SuS erhalten ein oder mehrere Objekte und formulieren zu jedem Objekt einen Steckbrief.	EA/PA in GA
3. Erkennen (ca. 15 Minuten)	▪ SuS lesen die Steckbriefe einzeln vor und versuchen gemeinsam, das beschriebene Objekt herauszufinden.	GA
4. Systematisieren (ca. 15 Minuten)	▪ SuS erstellen jeweils optimale Steckbriefe und hängen sie aus.	GA

Anmerkungen

- Diese Methode dient der Begriffsbildung. Die Lernenden üben, möglichst genau in der Fachsprache und mit fachlichen Begriffen zu formulieren.

Einsatzmöglichkeiten

- Klasse 5:
  - Größen (Länge, Zeit, Gewicht, Fläche, Volumen)
  - Flächen (Trapez, Parallelogramm, Raute, Rechteck, Quadrat)
  - Körper (Würfel, Quader)

- Klasse 6:
  - Winkelarten (spitzer, rechter, stumpfer, gestreckter, überstumpfer Winkel, Vollwinkel)
  - Diagramme (Säulen-, Streifen-, Kreisdiagramm)

- Klasse 7:
  - Winkelsätze (Scheitel-, Neben-, Stufen-, Wechselwinkel)
  - Dreiecke (gleichseitiges, gleichschenkliges, rechtwinkliges Dreieck)
  - Dreieckskonstruktionen (sss, sws, Ssw, wsw)

- Klasse 8:
  - Vierecke (Trapez, Parallelogramm, Raute, Rechteck, Quadrat, Drachenviereck)
  - Prismen (Dreiecksprisma, Quader, allgemeines Prisma, ggf. Zylinder)

- Klasse 9:
  - Flächen (Kreis, Dreieck, Trapez, Parallelogramm, Raute, Rechteck, Quadrat, Drachenviereck)

- Klasse 10:
  - Körper (Würfel, Quader, Kugel, Kegel, Stumpf)
  - Funktionen (lineare, quadratische, exponentielle Funktion, Sinusfunktion)

Vorteile

- hohe Aktivierung der Lernenden
- Lernende kommunizieren in und über Fachsprache und mathematische Fachbegriffe

Material

- –

4.1.12 Tandemübung

Vgl. auch Barzel / Büchter / Leuders (2007, S. 222 – 227)

Beschreibung

Die Tandemübung ist eine Form des produktiven Übens. Zwei Lernende (homogenes oder heterogenes Paar) entwickeln jeweils allein zu einem Thema Aufgaben, ggf. mit Lösung, und stellen diese dem anderen zum Lösen. Im Anschluss besprechen beide ihre Ergebnisse und Schwierigkeiten. Diese Übungsform eignet sich, um bereits verstandenes Wissen und Können noch tiefer zu durchdringen.

Durchführung

Phase	Unterrichtsgeschehen	Sozialform
1. Anleiten und Aufgabe stellen (ca. 5 Minuten)	▪ L erklärt den methodischen Ablauf. ▪ L teilt Tandems ein und hängt ggf. Liste der Paare aus.	UG
2. Aufgaben erstellen (ca. 20 Minuten)	▪ SuS erstellen innerhalb des gestellten Themas Aufgaben, ggf. mit Lösung.	EA in PA

Phase	Unterrichtsgeschehen	Sozialform
3. Aufgaben tauschen, bearbeiten, bewerten (ca. 15 Minuten)	▪ SuS tauschen die Aufgaben aus und bearbeiten diese allein. ▪ SuS bewerten die ihnen gestellten Aufgaben: Hat der Tandempartner den Rahmen beim Aufgabenerstellen eingehalten?	EA in PA
4. Besprechen (ca. 15 Minuten)	▪ SuS überprüfen gegenseitig ihre Lösungen und diskutieren Probleme, Unstimmigkeiten und Entdeckungen.	PA

Anmerkungen

▪ Die Aufgabenstellung kann an der Tafel notiert werden.

▪ Das Formulieren von Aufgaben ist für Lernende eine ungewohnte Tätigkeit. Hierzu muss die Aufgabenstruktur von den Lernenden durchdacht werden. Für schwache Lerner ist dies eine Herausforderung. Für erste Anwendungen ist es ausreichend, wenn einfache Aufgaben aus dem Schulbuch imitiert werden.

▪ Zur Aufgabenerstellung wird mehr Zeit benötigt als für deren Bearbeitung.

Einsatzmöglichkeiten

▪ Aufgaben imitieren: Die Lernenden haben bereits erste Aufgaben zum neuen Lerngegenstand bearbeitet, die in der Regel nach der Einführung eines Lerngegenstandes unter Überschriften wie „Festigen und Weiterarbeiten" oder „Üben" zu finden sind. Die Struktur dieser Grundaufgaben soll von den Lernenden nochmals in einer anderen Form bearbeitet werden. Mögliche Arbeitsaufträge:

- Erstelle weitere Aufgaben wie die im Buch auf Seite XX, Nr. Y.
- Erstelle weitere Aufgaben wie die im Buch auf Seite XX, Nr. Y, Z mit Lösung. Rechne die erstellten Aufgaben selbst, bevor du sie deinem Partner gibst.

▪ Aufgaben mit eingeschränktem Lösungsraum imitieren:

- Erstelle möglichst viele Parabeln mit dem Scheitel S(-3|2). Notiere die Parabelgleichung.
- Erstelle möglichst viele Gleichungen mit der Lösung $x = 2$.
- Erstelle weitere Aufgaben wie die im Buch auf Seite XX, Nr. Y, aber mit derselben Lösung 20.

Vorteile

▪ hohe Aktivierung der Lernenden

▪ Lernende erreichen eine tiefere Durchdringung des Lerngegenstandes

Material

▪ –

4.1.13 Was bin ich?

Vgl. auch Barzel / Büchter / Leuders (2007, S. 238 f.)

Beschreibung

„Was bin ich?" ist ein Ratespiel, bei dem ein Lernender oder die Lehrkraft ein mathematisches Objekt mit einem Spezialisierungsgrad (z. B. ein Bruch, ein Malzeichen, eine lineare Funktion, eine Lösung einer quadratischen Gleichung) verkörpert. Der Rest der Lerngruppe bildet gemeinsam oder in Gruppen Rateteams. Es sind nur Fragen zugelassen, die mit Ja oder Nein beantwortet werden können. Wird eine Frage bejaht, darf von dem Rateteam eine weitere Frage gestellt werden. Ansonsten ist das nachfolgende Rateteam dran. Mögliche Spielregeln:

▪ Eine Raterunde wird nach zehn Verneinungen abgebrochen.

▪ Die Teams müssen sich laut beraten, bevor sie die Frage stellen.

▪ Die gestellten Fragen dürfen als Gedächtnisstütze von den Teams mitgeschrieben werden.

Durchführung

Phase	Unterrichtsgeschehen	Sozialform
1. Anleiten (ca. 5 Minuten)	▦ L erklärt den methodischen Ablauf. ▦ Regeln werden geklärt und die Rateteams werden gebildet.	UG
2. Objekt ausdenken (wenige Minuten)	▦ L oder Lernender denkt sich ein mathematisches Objekt aus und vertritt dies in der Raterunde.	EA
3. Raten und Beraten (einige Minuten)	▦ Teams stellen Fragen.	GA oder UG
4. Reflexion (ca. 15 Minuten)	▦ SuS reflektieren, wann und warum es leicht war und wann nicht, ein Objekt zu erraten.	GA

Anmerkungen

▦ Diese Methode dient der Begriffsbildung. Die Lernenden üben, möglichst genau in der Fachsprache und mit fachlichen Begriffen zu formulieren.

▦ Die Teams sollen sich beraten und sich auf die Frage einigen, die sie stellen möchten. Hierdurch erhöht sich die Zeit, in der die Lernenden in der Fachsprache kommunizieren.

▦ Die Teams sollen die gestellten Fragen mitschreiben. Dies erleichtert das Auffinden weiterer einschränkender Fragen und die Diskussion in der Reflexionsphase.

▦ Eine Reflexionsphase nach etwa vier bis sechs Raterunden ermöglicht den Lernenden, nochmals in die fachlichen Zusammenhänge einzusteigen sowie die Beziehungen und Argumente nachzuvollziehen, die zur Bejahung bzw. Verneinung geführt haben.

▦ Die Reflexion kann u.a. anhand folgender Fragen erfolgen:
  • Wie können die Fragen geschickt formuliert werden?
  • Mit welcher Strategie kann der Lösungsraum eingegrenzt werden?
  • Welche Schlüsse können aus einer Verneinung gezogen werden?

Einsatzmöglichkeiten

Die Methode eignet sich zum Wiederholen von Unterrichtsinhalten des letzten halben oder ganzen Schuljahres. Erst so entsteht genug Raum, mathematische Objekte zu finden, die nicht zu nah am aktuellen Lerngegenstand liegen.

Vorteile

▦ Lernende kommunizieren in und über Fachsprache und mathematische Fachbegriffe.

Material

▦ –

4.2   Weiterführende Literatur

Gut strukturiert bietet der Methodenpool von Kersten Reich (URL: http://methodenpool.uni-koeln.de) zu sehr vielen Methoden fundierte allgemeine und weiterführende Informationen, auch mit Hinweisen zum Weiterlesen. Ausführliche Methodenbeschreibungen mit Hinweisen zum Einsatz und möglichen Variationen im Mathematikunterricht finden sich zu 31 Methoden bei Barzel/Büchter/Leuders (2007).

Sprachförderung im Mathematikunterricht

Auf das immer relevanter werdende Thema *Sprachförderung im Mathematikunterricht* kann in dem vorliegenden Band aus Platzgründen nicht eingegangen werden. Einen guten Überblick (Wo liegen Probleme?; Sprachförderung konkret; Unterstützende sprachbildende Methoden) gibt Sturm (2016, S. 181–203). Methoden zur Sprachförderung und zum sprachsensiblen Fachunterricht mit Beispielen hat Josef Leisen (2013) in seinem Handbuch *Sprachförderung im Fach* zusammengestellt (siehe auch: www.sprachsensiblerfachunterricht.de). Wie sprachsensibler Mathematikunterricht geplant, durchgeführt und ausgewertet werden kann, beschreiben Wessel, Büchter und Prediger (2018) sowie Prediger (2019).

5 Das Schulbuch und weitere Materialien

5.1 *Das Mathematikbuch*

Das zentrale Medium im Mathematikunterricht ist das Mathematikbuch. Die Lehrkraft verwendet das Buch als Lehrmittel zur Veranschaulichung und Vermittlung der zu behandelnden Inhalte entsprechend dem länderspezifischen Curriculum und dem schulischen Fachcurriculum. Für Lernende ist das Schulbuch ein Lernmittel, um am Unterricht teilzunehmen und zur häuslichen Arbeit. Zu Hause können die Lernenden selbstständig ein Thema vorbereiten oder nacharbeiten sowie Inhalte nachschlagen. Weiter finden sie in dem Buch Aufgaben zum Vertiefen und Üben oder Testaufgaben, um das eigene Können zu überprüfen.

Die einzelnen Kapitel in modernen Mathematikbüchern sind in der Regel wie folgt aufgebaut:

- Einstiegsaufgaben, um allgemein in das Thema einzuführen
- Lehrtexte mit Informationen zum Inhalt des Kapitels
- Aufgaben mit Lösungen (Beispielaufgaben)
- Aufgaben zum Festigen und Weiterarbeiten
- Aufgaben zum Üben (Routinebildung)
- vermischte und komplexere Aufgaben, die den Inhalt in Sachkontexte stellen
- zusammenfassender Rückblick auf die erarbeiteten Inhalte
- Testaufgaben mit Lösungen im hinteren Teil des Schulbuchs (formative Lernstandsfeststellung)

Einige Schulbücher enthalten in den Kapiteln eingestreute Wiederholungsaufgaben mit Lösungen im hinteren Teil des Schulbuchs, um zurückliegende Inhalte aufzufrischen. Anregungen für Partner- und Gruppenarbeit, für Projekte und Internetrecherchen oder für eine thematische Exkursion passend zum Kapitelthema sollen helfen, den Unterricht vielfältiger zu gestalten. Es werden in einigen Büchern auch Aufgaben auf verschiedenen Niveaus (z. B. Sternchenaufgaben) zur Differenzierung sowie sprachbildende Hinweise am Rand angeboten.

Viele Verlage bieten zu ihrem Schulbuch ergänzende Materialien an: Arbeits-, Übungs- und Förderhefte abgestimmt auf das jeweilige Schulbuch, Diagnose- und Testhefte, auch Onlinediagnose.

TIPP Am häufigsten wird das Mathematikbuch als Steinbruch für Aufgaben genutzt. Versuchen Sie, das Mathematikbuch vielfältig zu nutzen, in dem Sie

- die Lernenden bestimmte Inhalte mit dem Buch selbst erarbeiten lassen,
- die eine oder andere Anregung für kleine Projekte nutzen und hierzu Lernprodukte (z. B. Mindmap, Skizze, Matheaufgabe, Text) erstellen lassen,
- methodisch arbeiten (Partner-/Gruppenpuzzle, Tandemübung) und hierfür Aufgaben aus dem Buch nutzen,
- zur Vorbereitung auf die Klassenarbeit einen Selbsteinschätzungsbogen einsetzen, der nicht nur Bezug zu den von Ihnen eingesetzten Arbeitsblättern nimmt, sondern auch zu bestimmten Aufgaben aus dem Buch und den Testaufgaben (formative Lernstandsfeststellung).

5.2 Weitere Materialien

In der Regel haben die Fachschaften Mathematik eine Sammlung von Schulbüchern, Zeitschriften, Arbeitsheften und haptischen Materialien, die für die Unterrichtsvorbereitung und -durchführung genutzt werden können.

> **TIPP** Fachdidaktische Artikel mit Anregungen und praktischen Hilfen für Ihren Unterricht finden Sie in den fachdidaktischen Zeitschriften „mathematik lehren" und „Mathematik 5–10" sowie in Broschüren der bekannten Verlage.

> **TIPP** Bei der MUED (Mathematik-Unterrichts-Einheiten-Datei e. V., www.mued.de) finden Sie sowohl Broschüren als auch haptisches Material: z. B. Geobrett, Holzwürfel, Klickies, Prozentgummiband, Mathekoffer (Brüche, Geometrie, Wahrscheinlichkeit, Funktionen, Dezimalzahlen und Prozente, Zaubern – Spielen – Knobeln).

Literatur

Barzel, Bärbel / Büchter, Andreas / Leuders, Timo (2007). Mathematik Methodik. Handbuch für die Sekundarstufe I und II. Berlin: Cornelsen Scriptor.

Barzel, Bärbel / Holzäpfel, Lars / Leuders, Timo / Streit, Christine (2011). Mathematik unterrichten: Planen, durchführen, reflektieren. Berlin: Cornelsen Scriptor.

Blum, Werner / Drüke-Noe, Christina / Hartung, Ralph / Köller, Olaf (2006). Bildungsstandards Mathematik: konkret. Sekundarstufe I: Aufgabenbeispiele, Unterrichtsanregungen, Fortbildungsideen. Berlin: Cornelsen Scriptor.

Blum, Werner & Keller, Katrin, unter Mitwirkung von Drüke-Noe, Christina (2008). Fortbildungshandreichung zu den Bildungsstandards Mathematik. Sekundarstufe I. Inklusive Arbeitsmaterialien und Videos auf DVD. Wiesbaden: Amt für Lehrerbildung.

Bruder, Regina (2003). Konstruieren – auswählen – begleiten. Über den Umgang mit Aufgaben. In: Aufgaben. Jahresheft 2003. Seelze: Friedrich Verlag, S. 12 – 15.

Bruder, Regina (2008a). Üben mit Konzept. In: mathematik lehren, Heft 147, Seelze: Friedrich Verlag, S. 4 – 11.

Bruder, Regina (2008b). Wider das Vergessen. Fit bleiben durch vermischte Kopfübungen. In: mathematik lehren, Heft 147, Seelze: Friedrich Verlag, S. 12 – 14.

Bruder, Regina / Leuders, Timo / Büchter, Andreas (2008). Mathematikunterricht entwickeln. Bausteine für kompetenzorientiertes Unterrichten. Berlin: Cornelsen Scriptor.

Büchter, Andreas / Leuders, Timo (2005). Mathematikaufgaben selbst entwickeln. Lernen fördern – Leistung überprüfen. Berlin: Cornelsen Scriptor.

Büchter, Andreas / Herget, Wilfried / Leuders, Timo / Müller, Jan Hendrik (2007). Die Fermi-Box. Für die Klassen 5 – 7. Seelze: Friedrich Verlag.

Büchter, Andreas / Herget, Wilfried / Leuders, Timo / Müller, Jan Hendrik (2011). Die Fermi-Box. Für die Klassen 8 – 10. Stuttgart: Klett.

Deci, Edward L. / Ryan, Richard M. (1993). Die Selbstbestimmungstheorie der Motivation. In: Zeitschrift für Pädagogik 39, S. 223 – 238.

Drüke-Noe, Christina / Schmidt, Ursula (2015). Klassenarbeiten analysieren, gestalten und auswerten. In: Praxis der Mathematik in der Schule. Sekundarstufen I und II, Heft 63, S. 2 – 11.

Führer, Lutz (2018). Pädagogik des Mathematikunterrichts. Eine Einführung in die Fachdidaktik für Sekundarstufen. Leicht korrigiertes Manuskript des Buches, das 1997 bei Friedrich Vieweg & Sohn in Braunschweig / Wiesbaden erschienen ist. URL: https://www.math.uni-frankfurt.de/~fuehrer/Schriften/1997_PdMU.pdf (abgerufen am 06.01.2019)

Haß, Anke (2017). Regelmäßig wieder. Vermischte Kopfübungen zum Trainieren von mathematischem Grundwissen. In: Mathematik 5 – 10, Heft 39, Seelze: Friedrich Verlag, S. 34 – 37.

Heymann, Hans Werner (2006). Mehr als nur rechnen … – Unterrichtskultur im Grundschul-Mathematikunterricht. Impulsreferat zur 5. Fortbildungsveranstaltung des BLK-Programms SINUS-Transfer Grundschule, Apolda, 15.09.2006. URL: http://sinus-transfer.uni-bayreuth.de/fileadmin/MaterialienIPN/Heymann_Vortrag_Apolda_Folien.pdf (abgerufen am 06.01.2019).

HKM [Hessisches Kultusministerium] (2018). Operatoren in den Fächern Biologie, Chemie, Informatik, Mathematik und Physik, Landesabitur 2019. URL: https://kultusministerium.hessen.de/sites/default/files/media/hkm/la19-operatoren-fbiii_0.pdf (abgerufen am 06.01.2019).

KMK [Kultusministerkonferenz] (2002). Einheitliche Prüfungsanforderungen im Fach Mathematik (EPA). Beschluss der 298. Kultusministerkonferenz am 23./24.05.2002. URL: https://www.kmk.org/fileadmin/Dateien/veroeffentlichungen_beschluesse/1989/1989_12_01-EPA-Mathe.pdf (abgerufen am 06.01.2019).

KMK [Kultusministerkonferenz] (2003). Bildungsstandards im Fach Mathematik für den Mittleren Schulabschluss. Beschluss vom 04.12.2003. München: Luchterhand.

KMK [Kultusministerkonferenz] (2004). Standards für die Lehrerbildung: Bildungswissenschaften. Beschluss der Kultusministerkonferenz vom 16.12.2004 i. d. F. vom 12.06.2014. URL: https://www.kmk.org/fileadmin/veroeffentlichungen_beschluesse/2004/2004_12_16-Standards-Lehrerbildung-Bildungswissenschaften.pdf (abgerufen am 06.01.2019).

KMK [Kultusministerkonferenz] (2012). Bildungsstandards im Fach Mathematik für die Allgemeine Hochschulreife. Köln: Wolters Kluwer.

Koepsell, Andreas (2011). Leicht oder schwer? Wähle selbst! Testen in heterogenen Lerngruppen. In: Zeig', was du kannst! Klassenarbeiten traditionell und anders. Mathematik 5 – 10, Heft 16, Seelze: Friedrich Verlag, S. 20f.

Köcher, Jens (2017). „Alle im Heft, einer an der Tafel!" Mathematisches Basiswissen durch tägliche Übungen wachhalten. In: Mathematik 5 – 10, Heft 39, Seelze: Friedrich Verlag, S. 16 f.

Kounin, Jacob S. (2006). Techniken der Klassenführung. Münster. Waxmann. Original der deutschen Ausgabe, 1976.

Kratz, Henrik (2011). Wege zu einem kompetenzorientierten Mathematikunterricht. Ein Studien- und Praxisbuch für die Sekundarstufe. Seelze: Kallmeyer.

Lämmerhirt, Ingo / Klapp, Holger (2011). Kannst du noch mehr? Im Fachkollegium gemeinsam differenzierte Klassenarbeiten entwerfen. In: Zeig', was du kannst! Klassenarbeiten traditionell und anders. Mathematik 5 – 10, Heft 16, Seelze: Friedrich Verlag, S. 22 f.

Leisen, Josef (2010). Lernprozesse mithilfe von Lernaufgaben strukturieren. Informationen und Beispiele zu Lernaufgaben im kompetenzorientierten Unterricht. In: NiU Physik 21, Heft 117 / 118, Seelze: Friedrich Verlag, S. 9 – 13.

Leisen, Josef (2011). Kompetenzen diagnostizieren und fördern. In: NiU Physik 22, Heft 123 / 124, Seelze: Friedrich Verlag, S. 75 – 81.

Leisen, Josef (2013). Handbuch Sprachförderung im Fach. Sprachsensibler Fachunterricht in der Praxis. 2 Broschüren im Schuber. München: Klett.

Maitzen, Christoph (2012). Auch das Gesagte zählt. Gedanken zur Bewertung mündlicher Schülerleistungen. In: mathematik lehren, Heft 170, Seelze: Friedrich Verlag, S. 54–56.

Maitzen, Christoph (2014): Stärkenorientierte Fördergespräche mit Schülerinnen und Schülern führen. – In: Systemische Pädagogik, Heidelberg: Carl-Auer Verlag S. 52 – 60.

Maitzen, Christoph (2015). Feedback-Kultur in der Schule – Das Praxisbuch, Profi-Tipps und Materialien aus der Lehrerfortbildung, Augsburg: Auer Verlag.

Maitzen, Christoph (2017). Schülerinnen und Schüler im Fachunterricht Mathematik zum selbständigeren Lernen anleiten. – In: Rundbrief 203, Appelhülsen: MUED, S. 4–30. URL: https://www.mued.de/rundbrief/rb203.pdf (abgerufen am 06.01.2019)

Maitzen, Christoph (2018a). Schätz' doch mal …! Anhand von speziellen Fotos die Größe von realen Objekten abschätzen. In: Einzelstunden – Einzeln und wertvoll, Mathematik 5 – 10, Heft 42, Seelze: Friedrich Verlag, S. 32 – 35.

Maitzen, Christoph (2018b). Step by step zum guten Unterricht. Arbeitsbuch für die Schulentwicklung im Team, Augsburg: Auer Verlag.

Maitzen, Christoph (2019). Selbstanalysebogen. Den eigenen Lernprozess reflektieren. In: Individuelle Lernstände erheben und nutzen, Mathematik 5 – 10, Heft 46, Seelze: Friedrich Verlag, S. 32 f.

Maitzen, Christoph / Fischer, Peter (2015). Den gesamten Lernprozess im Blick. Instrumente stärken die Schülerselbstwirksamkeit und geben Lehrkräften ein Feedback – In: Praxis der Mathematik in der Schule. Sekundarstufen I und II, Heft 63, S. 24 – 31.

Maitzen, Christoph / McCoy, Christina (2017). Qualitätsmerkmale als Basis für inklusiven Unterricht. Ein Beispiel zur Prozent- und Zinsrechnung. – In: mathematik lehren, Heft 201, Seelze: Friedrich Verlag, S. 34 – 38.

Meyer, Hilbert (1993). Leitfaden zur Unterrichtsvorbereitung. 12. Auflage. Berlin: Cornelsen Scriptor.

Meyer, Hilbert (2004). Was ist guter Unterricht? Berlin: Cornelsen Scriptor.

MSW [Ministerium für Schule und Weiterbildung des Landes Nordrhein-Westfalen]: Mathematik. Übersicht über Operatoren, URL: https://www.standardsicherung.schulministerium.nrw.de/cms/zentralabitur-wbk/faecher/getfile.php?file=2239 (abgerufen am 06.01.2019)

Paradies, Liane / Linder, Hans Jürgen (2010). Differenzieren im Unterricht. 5. Auflage. Berlin: Cornelsen Scriptor.

Prediger, Susanne (Hrsg.) (2019). Sprachbildender Mathematikunterricht in der Sekundarstufe – ein forschungsbasiertes Praxisbuch. Berlin: Cornelsen.

Reich, Kersten (Hrsg.): Methodenpool. In: URL: http://methodenpool.uni-koeln.de (abgerufen am 06.01.2019)

Reiff, Rosel (2006). Selbst- und Partnerdiagnose im Mathematikunterricht. Gezielte Förderung mit Diagnosebögen. In: Diagnostizieren und fördern. Friedrich Jahresheft XXIV, Seelze: Friedrich Verlag, S. 68 – 72.

Reiff, Rosel (2008). Selbst- und Partnerkontrolle. Ein effizientes Verfahren zur produktbezogenen Diagnostik. In: mathematik lehren, Heft 150, Seelze: Friedrich Verlag, S. 47 – 51.

Sturm, Roland: (2016). Schritt für Schritt zum guten Mathematikunterricht. Praxisbuch für Referendare in den Sekundarstufen: Von der ersten Stundenplanung bis zur Prüfung. Seelze: Kallmeyer.

Ulm, Volker (2004). Mathematikunterricht für individuelle Lernwege öffnen. Sekundarstufe. Seelze: Kallmeyer.

Weinert, Franz Emanuel (2001). Leistungsmessung in Schulen. Weinheim, Basel: Beltz.

Wessel, Lena / Büchter, Andreas / Prediger, Susanne (2018). Weil Sprache zählt – Sprachsensibel Mathematikunterricht planen, durchführen und auswerten. In: mathematik lehren, Heft 206, Seelze: Friedrich Verlag, S. – 7.

Winter, Heinrich (1995). Mathematikunterricht und Allgemeinbildung. In: Mitteilungen der Gesellschaft für Didaktik der Mathematik 61, S. 37 – 46.

Schulbuch

Mathematik heute 5, NRW, Braunschweig: Schroedel.

Internetadressen

Institut für Dialogisches Lernen und Unterrichtsentwicklung: URL: https://www.lerndialoge.ch (abgerufen am 06.01.2019).

IQB [Instituts zur Qualitätsentwicklung im Bildungswesen]: URL: https://www.iqb.hu-berlin.de/bista/teach/lern_ma (abgerufen am 06.01.2019)

mathe – Mister-Müller: https://www.mister-mueller.de von Axel Müller (abgerufen am 06.01.2019)

MUED [Mathematik-Unterrichts-Einheiten-Datei e.V.]: URL: https://www.mued.de (abgerufen am 06.01.2019)

Technische Universität Dresden, Fachbereich Mathematik: URL: http://www.math.tu-dresden.de/did/schule/tue (abgerufen am 06.01.2019)

▇ Verzeichnisse

Materialverzeichnis

Verzeichnis der Beispiele

Verzeichnis der Praxisbeispiele

Abbildungsverzeichnis

 # Anhang

Material 1: Orientierungsfragen zur Unterrichtsplanung

Lernausgangslage und Lernbedingungen analysieren

a) Orientierungsfragen zur fachlichen Ausgangslage:

■ Welche Voraussetzungen (Sprachkompetenz, Frustrationstoleranz, Konzentrationsfähigkeit, Selbstständigkeit, Heftführung etc.) und welche Kenntnisse (Rechenverfahren, Umgang mit dem Geodreieck, Fachbegriffe, Achsenskalierung und Beschriftung von Diagrammen etc.) bringen die Lernenden mit?

■ Welche Kenntnisse, Fähigkeiten und Fertigkeiten sollen die Lernenden in der kommenden Unterrichtseinheit / -sequenz lernen und erarbeiten?

■ Welche Kenntnisse, Fähigkeiten und Fertigkeiten benötigen die Lernenden als Voraussetzung für die kommende Unterrichtseinheit?

■ Welche sprachlichen oder fachsprachlichen Hürden und Probleme sind zu erwarten?

■ Wie viel Zeit benötigen die Lernenden in etwa für die Bearbeitung einer Aufgabe?

■ Wie genau sieht die Schülernotation bei dem Rechenverfahren, Lösungsweg, ... aus?

■ Welche Probleme oder Fehler sind in den vorhergehenden Unterrichtsstunden aufgetreten? Worauf sollte nochmals eingegangen werden?

■ Welche Lernhilfen oder Unterstützungssysteme sind den Lernenden bekannt und welche funktionieren in der Lerngruppe?

b) Orientierungsfragen zu weiteren Lernbedingungen:

■ Wie viele Mädchen und Jungen befinden sich in der Klasse?

■ Führen die Lernenden für den Unterricht ein Heft und/oder eine Mappe?

■ Wo und wie werden Arbeitsblätter abgeheftet?

■ In welchen Arbeits- und Sozialformen können die Lernenden erfolgreich arbeiten und lernen? Gibt es Lernpartnerschaften?

■ In welchen methodischen Arrangements können die Lernenden erfolgreich und produktiv arbeiten?

■ Welche Lernenden sind leistungsstark bzw. -schwach?

■ Welche Lernenden lenken sich und andere ab?

■ Welche Lernenden können störungsfrei und erfolgreich nebeneinandersitzen?

■ Wie unterstützen sich die Lernenden gegenseitig?

■ Wie schnell schreiben die Lernenden Texte oder Rechnungen von der Tafel und aus dem Buch ab?

c) Orientierungsfragen zu den örtlichen und räumlichen Lernbedingungen:

■ Wie ist der Unterrichtsraum und seine Ausstattung (Größe, Lage, Lichtverhältnisse, Sonneneinstrahlung, Lärmpegel im Raum, Verdunklungsmöglichkeit, Anordnung und Anzahl der Tische und Stühle, Anzahl der Schränke und Regale etc.)?

■ Wie können die Tische und Stühle für bestimmte Methoden angeordnet werden?

■ Welche Medien (Tafel, OHP, Beamer, Internetzugang, Computer, Dokumentenkamera, Zeichengeräte für Konstruktionen an der Tafel etc.) sind im Unterrichtsraum vorhanden?

■ Gibt es für den Unterricht nutzbare Nebenräume oder kann der Flur genutzt werden?

■ Gibt es eine Mathewerkstatt mit für die Lernenden nutzbaren Lehr- und Lernmaterialien?

■ Wie kann das Schulgebäude, Schulgelände und die Umgebung zum Mathematiklernen genutzt werden?

■ Gibt es eine mathematische Sammlung mit Lehr- und Lernmaterialien (Anschauungsobjekte, Holzklötze, geometrische Körper, Geobretter, Arbeitsheften, Schulbüchern etc.)?

■ Gibt es einen PC-Raum (Anzahl der PCs und Sitzplätze)? Welche Mathematikprogramme sind auf den PCs installiert?

Was: Den Unterrichtsinhalt auswählen

Orientierungsfragen zur Auswahl des Unterrichtsinhaltes (vgl. auch Sturm 2016, S. 16):

- An welchen Beispielen lässt sich der Unterrichtsgegenstand wie erarbeiten und wie erklären?
- Welche Erklärungen sind für die Lernenden zugänglich? Welche Schwierigkeiten können aus der Sicht der Lernenden auftreten?
- Beherrsche ich das mathematische Wissen und die mathematischen Fertigkeiten und Fähigkeiten bezogen auf den Unterrichtsgegenstand so, dass ich während des Unterrichts über die Mathematik möglichst nicht nachdenken muss?
- Kann ich in der Situation auf Nachfragen und tiefergehende Fragen der Lernenden fachlich richtig und kompetent eingehen?
- Welche Bezüge hat der Unterrichtsgegenstand inner- und außermathematisch?
- Welche Relevanz hat der Unterrichtsgegenstand für die Lernenden im Alltag oder im zukünftigen Berufsalltag?
- Was sind typische Schülerfehler (Notation, Grundvorstellung, Denk- oder Flüchtigkeitsfehler etc.) bei diesem Unterrichtsgegenstand?
- Was sind mögliche Hilfen, um die auftretenden Schwierigkeiten zu überwinden?

Konkrete Lernziele und Kompetenzanbahnung: Was genau sollen die Schüler heute lernen?

Typische Lernzielformulierungen sind beispielsweise:

- Die Schüler können natürliche Zahlen in ein Produkt aus Primzahlen zerlegen.
- Die Schüler können die Eigenschaften achsensymmetrischer Figuren exemplarisch am Rechteck und gleichseitigen Dreieck angeben.
- Die Schüler können die Addition von Brüchen mithilfe von Bruchbildern veranschaulichen.

Wie werden Lernziele formuliert?

Lernziele enthalten zum einen Angaben zum Inhalt, also was oder woran gelernt werden soll, und zum anderen ein möglichst beobachtbares Endverhalten, das nach erfolgreicher Lerntätigkeit erworben wurde. Lernziele werden in der Form formuliert:
Die Schüler können INHALT + BEOBACHTBARES ENDVERHALTEN.

Das beobachtbare Endverhalten wird durch ein Verb beschrieben, das wenige Interpretationen zulässt. In der Regel eignen sich die im Mathematikunterricht verwendeten Operatoren (vgl. S. 100). Beispielsweise: angeben, aufstellen, nennen, beschreiben, identifizieren, schriftlich lösen, konstruieren, vergleichen, interpretieren, bewerten, graphisch darstellen.

Wie: Die Handlungsstruktur für den Unterricht festlegen

a) Aufgabenanalyse (Inhalt)

Die Aufgabenanalyse kann aus den folgenden Schritten bestehen:

1. Aufgabenstellung genau ausformulieren

2. Aufgabe in den Teilschritten in Schülernotation ausführlich lösen und dokumentieren
   - Was sind die einzelnen Lösungsschritte der Aufgabe?

3. Kenntnisse, Fähigkeiten und Fertigkeiten für die Bearbeitung der Aufgabe bestimmen
   - Welches Wissen, welche Kenntnisse, Fähigkeiten und Fertigkeiten benötigt der Lernende zum Lösen der Aufgabe?
   - Was sind die Lernvoraussetzungen zur Bearbeitung der Aufgabe?
   - Welche Hilfsmittel muss oder kann der Lernende zum Lösen einsetzen?
   - Was sind mögliche Schwierigkeiten, Fehlerquellen und falsche Denkansätze beim Lösen?
   - Wie viel Zeit benötigt ein durchschnittlicher Lerner zum Lösen der Aufgabe?

4. Aufgabentyp angeben, Aufgabe bzw. Teilaufgaben den Anforderungsbereichen und die im Vordergrund stehende Kompetenz zuordnen

5. Lernzuwachs ermitteln
   - Was lernen die Schüler bei der Bearbeitung der Aufgabe?
   - Was können die Lernenden nach der Aufgabenbearbeitung besser als vorher?
   - Welche Erkenntnisse können die Lernenden durch die Aufgabenbearbeitung gewinnen?

b) Methoden- und Sozialformauswahl

Orientierungsfragen zur Auswahl der Methode (vgl. auch Kratz 2011, S. 145):

- Mit welcher Methode kann die Aufgabe mit Blick auf das Lernziel am besten bearbeitet werden?
- Inwieweit geben die Formulierungen der Aufgabenstellung oder der Arbeitsaufträge die Methode vor?
- Inwieweit sind die Lernenden mit der Methode vertraut?
- Inwieweit bin ich als Lehrkraft mit dem Einsatz und der Durchführung der Methode vertraut?
- Kann ich in der Situation auf Nachfragen der Lernenden zur Methode richtig und kompetent eingehen?
- Welche Schwierigkeiten sind beim Einsatz der Methode zu erwarten?
- Welche Hinweise sollen die Lernenden vor dem Einsatz der Methode erhalten?
- Welche Verhaltensregeln sind von den Lernenden einzuhalten?
- Ist die Methode dazu geeignet Tätigkeiten anzuregen, mit denen die Lernenden das Lernziel und die Kompetenzen erwerben können?
- Welche Methoden sind kombinierbar?
- Erfüllt die Methode die ihm zugedachte Funktion im Unterricht?
- Ist die Methode für die Unterrichtsphase geeignet?
- Ist durch die Methode ein individueller Lernprozess sichergestellt?
- Ermöglicht die Methode eine Differenzierung?
- Welche Vorteile und Nachteile hat die Methode gegenüber anderen Methoden?

Orientierungsfragen zur Auswahl der Sozialform (vgl. auch Sturm 2016, S. 21 f.):

- In welcher Sozialform (Einzel-, Partner-, Gruppenarbeit, Unterrichtsgespräch) kann die Aufgabe mit Blick auf das Lernziel am besten bearbeitet werden?
- Inwieweit wird die Sozialform durch die gewählte Methode festgelegt?
- Inwieweit bin ich als Lehrkraft mit dem Einsatz und der Durchführung der Sozialform vertraut?
- Sollen die Partner bzw. Gruppen leistungshomogen oder leistungsheterogen zusammengesetzt sein, um möglichst optimal zusammenzuarbeiten?
- Beherrschen die Lernenden die gewählte Sozialform?
- Welche Verhaltensregeln sind von den Lernenden einzuhalten?
- Wie lange können die Lernenden in der Sozialform arbeiten?
- Welche Abfolge der Sozialformen kann mit Blick auf das Lernziel und die Lerngruppe gewählt werden?

c) Medienauswahl

Orientierungsfragen zur Auswahl der Medien (vgl. auch Kratz 2011, S. 145):

- Welches Medium unterstützt die Aufgabenbearbeitung mit Blick auf das Lernziel am besten?
- Inwieweit sind die Lernenden mit dem Medium vertraut?
- Inwieweit bin ich als Lehrkraft mit der Bedienung und dem Einsatz des Mediums vertraut?
- Welche Schwierigkeiten sind beim Einsatz des Mediums zu erwarten?
- Kann ich in der Situation auf Nachfragen der Lernenden zum Medium richtig und kompetent eingehen?
- Welche Hinweise sollen die Lernenden vor dem Einsatz des Mediums erhalten?
- Welche Verhaltensregeln sind von den Lernenden einzuhalten?
- Unterstützt das Medium Tätigkeiten, mit denen die Lernenden das Lernziel und die Kompetenzen erwerben können?
- Unterstützt das Medium einen individuellen Lernprozess?
- Unterstützt das Medium eine Differenzierung?
- Welche Vorteile und Nachteile hat das Medium gegenüber anderen Medien?

Material 2: Arbeitsblatt 1: Arbeitsaufträge zur Erarbeitung[24]

Kopiervorlage

1. Bearbeite als Expertenpaar das Arbeitsblatt 2 bzw. 3. Die Expertenpaare gibt der Lehrer bekannt. Die Liste der Paare hängt auch aus. (10 Minuten)

2. Bearbeite nun in der Erklärungsphase mit einem Experten des anderen Arbeitsblattes die folgenden Aufgaben. (20 Minuten)

   a) Erkläre deinem Mitschüler die Aufgaben und Ergebnisse von deinem Arbeitsblatt.

   b) Vergleicht die Wertetabellen und den Verlauf der Graphen. Schreibt eure Beobachtungen in die folgende Tabelle.

	Arbeitsblatt 2: Proportionale Zuordnung	Arbeitsblatt 3: Antiproportionale Zuordnung
Werte-tabelle		
Graph		

   c) Schreibt auf, nach welchen Regeln ihr die Wertetabellen ausgefüllt habt.

Arbeitsblatt 2: Proportionale Zuordnung	Arbeitsblatt 3: Antiproportionale Zuordnung

---

[24] In Anlehnung an Kratz 2011, S. 170.

Material 3: Arbeitsblatt 2: Proportionale Zuordnung[25]

Bei der Schokoladenmanufaktur Moser können Kinder Schokoladenmischungen aus verschiedenen Schokoladenstücken (Vollmilch, Zartbitter, weiße Schokolade, Nougat, Joghurt, Erdbeere) selbst zusammenstellen. 100 g Schokolade kosten 1,20 €.

a) Lege eine Preisliste als Wertetabelle für die Mengen 50 g, 100 g, 150 g, 200 g, 250 g, 300 g, 350 g und 400 g an.

Menge / g	Preis / €

b) Zeichne zu der Wertetabelle einen Graphen in das Koordinatensystem. Wähle für jede Achse eine geeignete Skalierung.

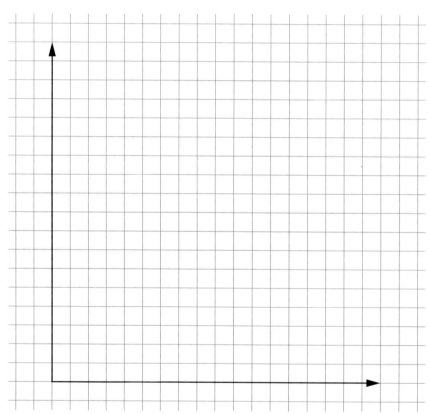

c) Beschreibe, wie mit dem Wert 0 g Schokolade umgegangen werden kann.

Anmerkung: Eine **Manufaktur** ist eine Produktionsstätte von Handwerkern.

---

[25] In Anlehnung an Kratz 2011, S. 168.

Material 4: Arbeitsblatt 3: Antiproportionale Zuordnung

Ein Rechteck soll den Flächeninhalt 24 cm² haben. Mit der Länge a und der Breite b ergibt sich für den Flächeninhalt $a \cdot b = 24$ cm².

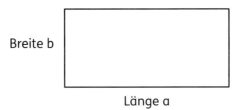

Breite b

Länge a

a) Lege eine Wertetabelle für die Längen a = 1 cm, 2 cm, 3 cm, 4 cm, 6 cm, 8 cm, 12 cm, 24 cm und die Breite b an.

Länge a/cm								
Breite b/cm								

b) Zeichne zu der Wertetabelle einen Graphen in das Koordinatensystem. Wähle für jede Achse eine geeignete Skalierung.

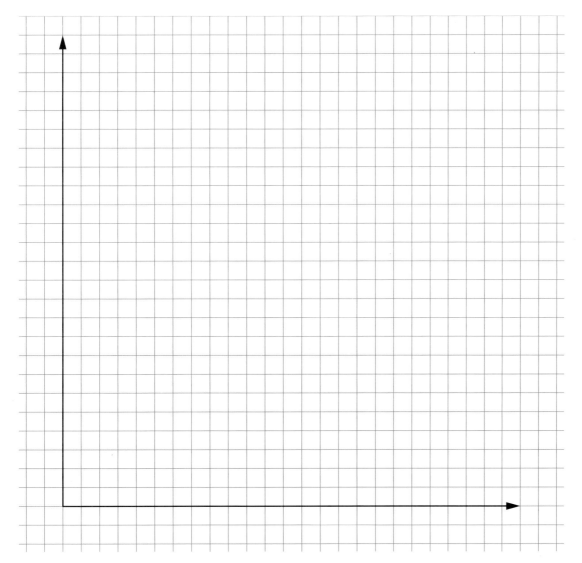

Praxisbeispiel 10: Stundenplanung zum Unterrichtsverlauf A: Einführung der proportionalen und antiproportionalen Zuordnung

Stunde: 1

Klasse: 7b

Fach: Mathematik

Thema der Stunde: Einführung der proportionalen und antiproportionalen Zuordnung

Lernziel der Stunde: Die Schüler können an der Wertetabelle und an dem graphischen Verlauf der proportionalen bzw. antiproportionalen Zuordnung erläutern, wie sich die beiden Werte zu einander verhalten.

Phase	Lehrerhandeln	erwartetes Schülerhandeln	Methode/Sozialform	Medien
Einstieg (ca. 5 Minuten)	▪ L informiert SuS anhand des AB 1 über den Stundenablauf und den Stundeninhalt. ▪ L organisiert Partnerpuzzle und hängt Liste der Paare aus.	SuS hören zu.	UG	AB 1
Erarbeitung 1 (ca. 10 Minuten)	L unterstützt den Erarbeitungsprozess.	SuS bearbeiten als Experte das Arbeitsblatt 2 bzw. 3.	Partnerpuzzle, Expertenphase, Tandem	AB 2, 3
Erarbeitung 2 (ca. 20 Minuten)	L geht von Gruppe zu Gruppe und unterstützt den Erarbeitungsprozess.	▪ SuS erklären dem anderen Experten die eigene Aufgabe und Ergebnisse. ▪ SuS vergleichen und beschreiben Wertetabellen und Verlauf der Graphen. ▪ SuS formulieren Regeln.	Partnerpuzzle, Erklärungsphase, Tandem	AB 2, 3
Sicherung (ca. 10 Minuten)	▪ L organisiert und moderiert die Präsentation. ▪ L schreibt ggf. die vereinbarte Formulierung der Regeln an die Tafel.	▪ SuS-Tandems präsentieren ihre Ergebnisse. ▪ SuS ergänzen die Präsentation und stellen Fragen.	UG	Dokumentenkamera, Beamer

Material 5: Stundenplanung

Stunde: _____

Thema der Stunde: _____

Lernziel der Stunde: _____

Phase	Lehrerhandeln	erwartetes Schülerhandeln	Methode/Sozialform	Medien
Einstieg				
Erarbeitung				
Sicherung				

Material 6: Tabelle zur kriterialen Konzeption einer Klassenarbeit nach Drüke-Noe / Schmidt 2015, S. 6

Aufgaben	AFB	argumentieren			Probleme lösen			modellieren			Darstellungen verwenden			symbolisch/formal/ technisch arbeiten			kommunizieren			Kontext	Einschätzung der Schwierigkeit
		I	II	III	I	II	III	I	II	III	I	II	III	I	II	III	I	II	III	inner-/außer- mathematisch	leicht/mittel/ schwierig

Material 7: Fachlicher Förderplan[26]

Fachlicher Förderplan _____ (Original beim Fachlehrer, 1 Kopie an Klassenlehrer/-in, 2 Kopien an Schüler/-in, unterschriebene Kopie in die Schülerakte)

Förderplan für das Fach _____ **nach der Klassenarbeit Nr.** _____ **Datum** _____

Name: _____ **Klasse** _____ **Fachlehrer/in:** _____

Vorliegende Beeinträchtigungen: _____

Bereits durchgeführte Fördermaßnahmen: _____

Die Stärken von _____ sind _____

Lernausgangslage im Unterricht: _____

Zur Sicherung ihres/seines Lernerfolgs erhält die Schülerin/der Schüler einen Förderplan für das Fach _____. Die zu wiederholenden Themengebiete ergeben sich aufgrund der Klassenarbeit (schriftliche Lernausgangslage). Die jeweiligen Lernzeiten und Orte sind von der entsprechenden Aufsichtsperson bzw. der Schülerin/dem Schüler in der Tabelle mit Datum und Ort einzutragen.

Mögliche Lernorte können die **schulische Hausaufgabenbetreuung, schulisch oder privat organisierte Nachhilfe, Eigenarbeit zu Hause mit oder ohne Eltern** sein. Der ausgefüllte Förderplan muss dem Fachlehrer/der Fachlehrerin in _____ **Wochen am** _____ unaufgefordert vorgelegt und erläutert werden.

Bitte geben Sie den **unterschriebenen Förderplan** an die Lehrkraft zurück. **Unterschrift Erziehungsberechtigte/-r:** _____

Außerunterrichtliche Maßnahmen: Wiederholung und Festigung folgender Themen/Kompetenzen:	**Lernzeiten und Orte**							Selbsteinschätzung der Schülerin/des Schülers nach Abschluss des Förderplans: ☺ sicher und zügig ☺ geht so ☹ noch unsicher
	Datum/ Ort	Datum/ Ort	Datum/ Ort	Datum/ Ort	Datum/ Ort	Datum/ Ort	Datum/ Ort	

Was kannst du selbst tun?	**Weitere Hinweise der Lehrkraft:**
Arbeitsmaterial ...	
Hausaufgaben ...	
Konzentration/Aufmerksamkeit ...	
Arbeitstempo ...	
Mitarbeit im Unterricht ...	

[26] Maitzen 2018b, S. 98. In Anlehnung an den fachlichen Förderplan der Ziehenschule, Frankfurt am Main. An dieser Stelle sei namentlich Marc Blindow-Klinghammer, Dr. Brit Düker und Susanne Gruppe für die Erlaubnis der Nutzung gedankt.

Material 8: Operatoren im Mathematikunterricht[27]

Operator	Beschreibung der erwarteten Leistung	Beispiele	Anforderungsbereich, Bandbreite
angeben, nennen	Objekte, Sachverhalte, Begriffe, Daten ohne nähere Erläuterungen, Begründungen und ohne Darstellung von Lösungsansätzen oder Lösungswegen aufzählen	Gib die Koordinaten des Scheitelpunktes an. Nenne drei weitere Beispiele.	I – II, vorwiegend I
aufstellen, darstellen, erstellen	Sachverhalte, Vermutungen, Zusammenhänge, Methoden, Gleichungen, Gleichungssysteme in übersichtlicher, fachlich sachgerechter oder vorgegebener Form notieren	Stelle das Gleichungssystem auf.	I – II, vorwiegend II
begründen	Sachverhalte unter Verwendung von Regeln und mathematischen Beziehungen auf Gesetzmäßigkeiten bzw. kausale Zusammenhänge zurückführen	Begründe, dass die Funktion g(x) keine Umkehrfunktion besitzt.	II – III, vorwiegend II
berechnen	durch Rechenoperationen zu einem Ergebnis gelangen und die Rechenschritte dokumentieren	Berechne die Wahrscheinlichkeit des Ereignisses.	I – II, vorwiegend I
beschreiben	Aussagen, Strukturen, Sachverhalte oder Verfahren in eigenen Worten unter Berücksichtigung der Fachsprache sprachlich angemessen wiedergeben (hier sind auch Einschränkungen möglich z. B.: Beschreibe in Stichworten ...)	Beschreibe den Verlauf des Graphen.	I – II, vorwiegend II
bestimmen, ermitteln	Zusammenhänge bzw. Lösungswege aufzeigen, das Vorgehen darstellen und die Ergebnisse formulieren	Bestimme den Scheitelpunkt der quadratischen Funktion. Ermittle graphisch den Schnittpunkt ...	II
beurteilen	zu einem Sachverhalt oder einer Aussage ein selbstständiges Urteil unter Verwendung von Fachwissen und Fachmethoden formulieren und begründen	Beurteile, welche der beiden vorgeschlagenen Funktionen den Sachverhalt besser beschreiben. Beurteile die Aussage: „...."	II – III, vorwiegend III
beweisen, widerlegen	Beweise im mathematischen Sinne führen unter Verwendung von bekannten mathematischen Sätzen, logischen Schlüssen und Äquivalenzumformungen, ggf. unter Verwendung von Gegenbeispielen	Beweise, dass die Gerade auf sich selbst abgebildet wird.	II – III, vorwiegend III
darstellen, aufstellen, erstellen	Sachverhalte, Vermutungen, Zusammenhänge, Methoden, Gleichungen, Gleichungssysteme in übersichtlicher, fachlich sachgerechter oder vorgegebener Form notieren	Stelle den Sachverhalt in einem Baumdiagramm dar.	I – II, vorwiegend II

[27] Die Operatoren, Beschreibung der erwarteten Leistung und Anforderungsbereiche sind entnommen aus Mathematik, Übersicht über Operatoren (MSW) und Operatoren in den Fächern Biologie, Chemie, Informatik, Mathematik und Physik, Landesabitur 2019 (HKM 2018). Die Beispiele sind angelehnt an die der letztgenannten Quelle.

Operator	Beschreibung der erwarteten Leistung	Beispiele	Anforderungsbereich, Bandbreite
deuten	Phänomene, Strukturen, Sachverhalte oder Ergebnisse auf Erklärungsmöglichkeiten untersuchen und diese gegeneinander abwägen und auf das ursprüngliche Problem beziehen	Deute dein Ergebnis im Sachzusammenhang.	II – III
entscheiden	sich bei Alternativen eindeutig auf eine Möglichkeit festlegen; Begründung nicht erforderlich (sofern sie nicht durch einen ergänzenden Operator gefordert wird)	Entscheide, welche Terme gleichwertig sind.	I – II, vorwiegend II
erklären	Sachverhalte o. Ä. unter Verwendung der Fachsprache auf fachliche Grundprinzipien oder kausale Zusammenhänge zurückführen	Erkläre, wie du vorgegangen bist.	II
erläutern	Sachverhalte o. Ä. so darlegen und veranschaulichen, dass sie verständlich werden	Erläutere die Aussage an einem Beispiel.	II
graphisch darstellen	hinreichend exakte graphische Darstellungen von Objekten oder Daten anfertigen	Stelle die Geradengleichung graphisch dar.	I – II, vorwiegend II
herleiten	die Entstehung oder Ableitung eines gegebenen oder beschriebenen Sachverhalts aus anderen Sachverhalten darstellen	Leite die Formel für die Berechnung des Volumens her.	II – III
ordnen, einordnen, zuordnen	Begriffe, Gegenstände, Daten etc. auf der Grundlage bestimmter Merkmale systematisch einteilen bzw. in einen genannten Zusammenhang stellen	Ordne den Graphen die entsprechende Funktionsgleichung zu.	II
prüfen	Sachverhalte, Aussagen, Probleme, Fragestellungen nach bestimmten, fachlich üblichen bzw. sinnvollen Kriterien bearbeiten	Prüfe, ob die Dreiecke deckungsgleich sind.	II
skizzieren	wesentliche Eigenschaften von Sachverhalten oder Objekten graphisch darstellen (auch Freihandskizzen möglich)	Skizziere den Graphen der Funktion.	I – II, vorwiegend II
vergleichen	nach vorgegebenen oder selbst gewählten Gesichtspunkten Gemeinsamkeiten, Ähnlichkeiten und Unterschiede ermitteln und darstellen	Vergleiche die beiden Lösungswege.	II
zeichnen	eine hinreichend exakte graphische Darstellungen von Objekten oder Daten anfertigen	Zeichne den Graphen der Funktion.	I – II, vorwiegend II
zeigen, bestätigen	Aussagen, Behauptungen oder Sachverhalte unter Nutzung von gültigen Schlussregeln, Berechnungen, Herleitungen oder logischen Begründungen bestätigen	Zeige durch eine Rechnung, dass ...	II – III, vorwiegend III

Material 9: Methoden in der Übersicht[28]

	Partnerpuzzle	Gruppenpuzzle	Ich – Du – Wir	Mathe-Quiz	Placemat	Portfolio	Lernprotokoll	Sammeln – Ordnen – Strukturieren	Schreibgespräch	Stationenzirkel	Steckbrief	Tandemübung	Was bin ich?
Methode ist geeignet, folgende mathematische Tätigkeiten anzuregen: + = besonders geeignet ○ = kann je nach Ausgestaltung geeignet sein – = eher ungeeignet													
Begriffsbilden	+	+	+	+	+	–	+	+	+	+	+	–	+
Mathematische Kenntnisse/Fertigkeiten erarbeiten/vertiefen	+	+	+	+	–	–	+	–	–	+	–	+	+
Problemlösen/Modellieren	+	+	+	–	+	+	–	–	+	–	–	–	–
Argumentieren	+	+	+	–	○	–	+	+	+	–	+	–	○
Methode ist geeignet, folgende übergreifende Tätigkeiten anzuregen: + = besonders geeignet ○ = kann je nach Ausgestaltung geeignet sein – = eher ungeeignet													
Eigenverantwortliches Arbeiten	+	+	○	–	–	+	+	–	–	+	–	+	–
Kooperieren/Kommunizieren	+	+	+	○	+	–	○	–	+	–	+	+	–
Präsentieren/Darstellen	+	+	–	+	–	+	–	+	–	+	+	–	○
Recherchieren/Lesen	+	+	–	+	–	–	–	+	–	–	–	–	–
Reflektieren		–	–	+	–	+	+	+	–	+	+	–	–
Schreiben		–	–	+	+	+	+	+	+	–	–	–	–
Methode ist geeignet für die Unterrichtsfunktion (Phase): + = besonders geeignet ○ = kann je nach Ausgestaltung geeignet sein – = eher ungeeignet													
Erkunden	+	+	+	–	+	–	+	–	+	+	+	○	+
Systematisieren	+	+	–	–	–	–	–	+	–	–	–	–	+
Üben/Anwenden	+	+	–	+	–	–	+	–	–	+	–	+	–
Leistungsüberprüfung/Diagnose		–	–	–	–	+	+	+	–	–	–	–	–
Methode hat das Merkmal: + = ausgeprägt ○ = je nach Ausgestaltung ausgeprägt													
Differenzierend			+		+	+	+		+	+	+	+	
Individuell aktivierend	+	+	+		+	+	+		+	+	+	+	–
Organisatorisch komplex	+	+		+		+				+			
Langfristig				+		+				○			
Methode vollzieht sich vornehmlich in der Sozialform: + = besonders geeignet ○ = kann je nach Ausgestaltung geeignet sein													
Einzelarbeit	+		+	+	+	+	+	+	+	+	+	–	+
Partnerarbeit	+	+	+	+		+	+	+	+	+	+	+	+
Gruppenarbeit	+	+	+	+	+			+	+	○	+		+
Plenumsunterricht	+	+	+	+				○			+		+

[28] Ausschnitt aus der Übersichtstabelle in Barzel/Büchter/Leuders 2007, S. 262 f. mit den Ergänzungen Partnerpuzzle, Lernprotokoll.

Abbildungsnachweis

Quellen

Seite 11 + 12   Helm_©photosaint_stock.adobe.com_269534506

Seite 41   Fahrrad_©vladstar_stock.adobe.com_141547766

Seite 50 + 94   Schokolade_©NilsZ_stock.adobe.com_52362457